智能传播环境下的新闻生产

——基于连接的视角

王佳航 著

中国广播影视出版社

图书在版编目（CIP）数据

智能传播环境下的新闻生产 ：基于连接的视角 / 王佳航著. -- 北京 ：中国广播影视出版社，2020.7
ISBN 978-7-5043-8471-3

Ⅰ. ①智… Ⅱ. ①王… Ⅲ. ①新闻工作一研究一中国 Ⅳ. ①G219.2

中国版本图书馆CIP数据核字（2020）第119652号

智能传播环境下的新闻生产：基于连接的视角
王佳航 著

责任编辑 王波
装帧设计 汤汤
责任校对 龚晨

出版发行 中国广播影视出版社
电　　话 010-86093580　010-86093583
社　　址 北京市西城区真武庙二条9号
邮　　编 100045
网　　址 www.crtp.com.cn
电子信箱 crtp8@sina.com

经　　销 全国各地新华书店
印　　刷 三河市人民印务有限公司

开　　本 880毫米×1230毫米　1/32
字　　数 127（千）字
印　　张 7.125
版　　次 2020年7月第1版　2020年7月第1次印刷

书　　号 ISBN 978-7-5043-8471-3
定　　价 28.00元

前言

本书为北京市社会科学基金项目“算法分发背景下首都移动公共新闻信息供给质量优化研究”(18XCB009)、中国政法大学校级课题“媒介融合视阈下全媒体内容生产模式研究”、北京市记协课题“媒体内容生产创新研究”的资助成果。

人工智能技术迅速发展，并且正与大数据、云计算、5G、物联网等技术融合，加速落地应用场景。智能传播图景以极具想象力的方式慢慢展开。新闻业生态重构，媒体向能够智能地识别每个人的喜好，懂得如何用每个人喜欢的方式生产、传播和服务的智能媒体转向。本书在这一语境下对从“互联网＋”到“AI+”20年间技术驱动下的新闻生产做了历史性研究，考察技术给新闻业的生态、生产组织、生产观念、生产常规、传播方式等究竟带来了哪些变革，技术究竟如何推动了这些变革？未来人工智能技术将推动新闻生产如何发展？技术演进带来连接关系的演进，本书基于“媒体－用户”“媒体－平台”“媒体－其他内容生产行动者”的连接关系，将新闻生产置于更宏大的新闻生态系统中进行考察，思考智能传播时代的到来给媒体带来哪些发展契机，智能传播环境下如何建立以被激活的原子化的用户为中心的新闻生产。

2020 年，从春到夏，世界被新冠肺炎按下了暂停键。疫情期间不能出门，需要奔波的工作减少，本书终于得以成稿。书的内容基于笔者四年来的持续研究。四年中，笔者先后到新华社、人民日报、中央广播电视总台、上海报业集团、深圳广播电视台、新京报等三十余家媒体多次调研，同时也走访今日头条、快手、得到、网易等商业技术公司。研究中，笔者努力把新旧媒体置于同一界面，使研究基于一个全景的视角，即不仅仅从媒介组织边界内的视角来考察媒体如何智能化。实地调研和视角的拓展使笔者在研究中感到受益匪浅。

非常感谢北京邮电大学数字媒体与设计艺术学院传播学系黄淼，几年来她多次和我探讨问题，并帮助我梳理了国外部分的文献，这些文献在本书的绪论部分有所呈现。感谢中国广播影视出版社编辑王波，他耐心地等待本书成稿，并就本书的完善提供了编辑方面的指导和支持。深深感谢他们。

时间仍然不够，本书写作仓促。笔者研究功力也仍然不足，研究有很多未及之处，留下很多遗憾，待以后研究中补足。幸而还有未来。

王佳航

2020 年 5 月 18 日

目录

第一章

绪论

“媒介弥漫在我们的感官中，我们对世界的感觉充盈着媒介。这是一个熙来攘往的世界、富于幻想的世界、全球政治合成图的世界。”[①]英国学者尼克·库尔德利在其著作《媒介、社会与世界：社会理论与数字媒介实践》开篇这样描述，他的描述同样可以作为在智能传播时代的我们所感知的生动概括。在大数据、云计算、物联网、人工智能技术的支撑下，智能传播图景充满奇诡的想象力和不确定性，万物皆媒，自动化、移动化、数据化和仿真化——未来已来。

检视智能传播时代的新闻生产，新闻业的生态、组织、观念、习惯均已发生突破性变革，这些变革来自传播技术更迭的累积。本书是一本研究技术驱动下新闻生产变革实践的书籍，聚焦媒体与用户、媒体与其他各类内容生产行

① 尼克·库尔德利：《媒介、社会与世界：社会理论与数字媒介实践》，何道宽译，复旦大学出版社 2016 年版，第 1 页。

动者、媒体与平台等新的连接关系，采用涵盖文本、个体、机构、行业的新闻生产分析框架，探究智能传播环境下如何建立以用户为中心的新闻生产，以期为媒体提供转型的视角和线索。

一、研究问题的提出

2005 年喊出“报业寒冬”的预警者——北京地区的《京华时报》，已经在 2017 年 1 月 1 日停刊；一些电视台在陆续关闭部分入不敷出的频道……新闻业面临的冲击远比想象的复杂和久远。关于新闻业危机各种维度的诠释中，技术驱动毋庸置疑地成为原动力。然而，看起来这并不是最坏的时代，反而是最好的时代，全新的新闻业正在以难以想象的速度快速生长。大数据、人工智能、云计算给新闻业带来机遇、挑战和想象。

“智能化媒体”时代的到来不是前瞻，而是现在。2019 年，新华社、人民日报、中央广播电视总台三家中央媒体先后成立了智能编辑部，智能编辑部在新闻采集、新闻产制、新闻分发、传播效果反馈等环节都有智能化技术助力，人工智能已经在新闻生产全产业链布局，机器写作、AI 主播、智能大脑、智能终端开始成规模地使用。随着人工智能技术提速进入应用场景，全球范围内人工智能与新闻生产的结合还会进一步加深。

值得新闻业思考的问题是智能传播时代的到来究竟如何给媒体带来发展契机？思辨性地理解这个问题，即换言之我们能否真正理解在过去的30年中，技术是如何消解新闻机构的竞争优势的？媒体如何才能扬弃已经退出历史舞台的新闻生产常规，重新面向智能传播环境下新的新闻生产常规？这也是本书选择基于“连接”的视角来考察新闻生产的原因。新闻生产应置于更宏大的新闻生态系统中进行考察。近年来的新闻业研究者也多数认同仅仅关注新闻业内部已经无法准确地理解新闻业，边界、场域、生态等概念被陆续引入。之所以从“连接”的视角来研究新闻业、新闻机构、新闻生产规律，是因为网络连接改变了社会行为的空间，建构了媒体与用户、媒体与内容分发平台、媒体与其他各类内容生产行动者、用户与用户之间的新连接关系，从而形塑了新闻业的新生态。“人工智能 +”是在新的新闻业生态系统上赋能。智能传播时代的新闻生产不仅仅是媒体新闻生产习惯的改变，实质是生产关系的变革。因而，从互联网作为社会的基础设施到互联网和人工智能共同作为社会的基础设施是本书的研究语境。本书的核心内容是探究在个体被激活的智能化网络社会新闻生产如何面向。

本书认为智能传播环境下的新闻生产有四个方面的改变：第一，连接关系重构智能新闻业生态；第二，新闻媒体迈向智能化生产，组织架构、生产流程、机制体制、人才队伍均需调适；第三，基于“媒体—用户”“媒体—平台”“媒体—

其他内容生产行动者”的框架，新闻生产常规发生变化；第四，算法推荐为主导的智能化传播深刻改变了新闻业。个体原子化的网络社会改变了传播方式、传播渠道。未来万物皆媒，传播的内涵、载体、形态也都将发生重大变革。上述四个部分也是本书重点研究的问题。

二、文献综述

随着大数据、云计算、人工智能落地新闻业，智媒时代的新闻生产渐成学术研究热点，这些研究关切技术发展、实践变革，从多样化的视野对新闻业智能化探索做出阐释。本章对所探讨议题相关的“智媒”“智能传播”“新闻生产”“连接”四个关键词作了研究动态的梳理。

（一）“智媒”“智能传播”概念的多重理解

以“智媒”“智能化媒体”“智能 + 媒体”为关键词在中国知网搜索，截至 2020 年 3 月 1 日共有文献 400 篇；截至 2020 年 5 月 4 日，以“智能传播”搜索，共有文献 119 篇。2016 年之后，文献呈快速增长态势，2019、2020 年呈现出井喷态势。

什么是智媒？学者对此有不同角度的阐述。彭兰与腾讯网企鹅智酷的合作研究于2016年提出未来媒体的趋势是智能化[①]。这是国内智媒概念的发端，彭兰未对智媒定义做出完整阐述，但是从未来新闻业生态角度提出了智媒的特征是万物皆媒、人机共生、自我进化。胡正荣从传媒集团的生存发展角度提出媒体需要顺应共享和智能化两个趋势，智能化是通过大数据、云计算、人工智能等技术以个性化多样化的服务对接用户[②]。曹三省认为智能化媒体基于物联网技术，呈现出“人—媒介—物”三位一体化的趋势[③]。李戈、郑旭军认为“相对于传统媒体，智能媒体具有连接与协作趋于多维、真实与虚拟逐渐融合、交互与布局更加自然、情绪与行为成为标签等特征[④]”。吕尚斌、黄荣认为随着人工智能媒体化和媒体智能化双向进路，智能与媒体的边界会日益模糊直到毫无边界，结果是媒体泛化[⑤]。上述讨论均未对智能化媒体有明确的定

① 彭兰：《智媒化：未来媒体浪潮—新媒体发展趋势报告（2016）》，《国际新闻界》2016年第11期，第6—24页。

② 胡正荣：《智能化：未来媒体的发展方向》，《现代传播》2017年第6期，第1—4页。

③ 曹三省，苏红杰：《物联网＋媒体：当下与未来》，《新闻与写作》2016年第11期。

④ 李戈、郑旭军：《智能媒体特征分析与设计思维重构》，《中国出版》2018年第2期。

⑤ 吕尚彬，黄荣：《智能时代的媒体泛化：概念、特点及态势》，《西安交通大学学报》社会科学版2019年9月。

义，但是，可以看出对智媒的理解集中在两个层面：一是人工智能、大数据、物联网等技术在媒体的应用促进了媒体各个生产环节智能化。二是智能化媒体已经突破了从前我们对媒体的理解的边界，会逐渐在媒体介质形态上呈现出越来越复杂的特征，最终万物皆媒。

什么是智能传播？从现有文献来看，有狭义和广义之分。张洪忠等认为“智能传播是指将具有自我学习能力的人工智能技术（Artificial Intelligence，AI）应用在信息生产与流通中的一种新型传播方式[①]”，在对 2019 年度国内外具有学术代表性的新闻传播学术期刊的近 70 篇研究论文进行梳理归纳之后，提出智能传播研究在 2019 年有社交机器人、机器写作、类人类机器人、算法等八个关注方向。显然，这是一种广义的智能传播概念，涵盖采集、制作、传播等新闻生产全链条。在狭义的概念中，智能传播专指以算法推荐技术为主导的智能分发，如范红霞、戴婉玲在《从“茧房”到“蛛网”：智能化传播中的场景连接》[②]一文中就使用了狭义的概念。

---

① 张洪忠、兰朵、武沛颍：《2019 年智能传播的八个研究领域分析》，《全球传媒学刊》2020 年第 1 期，第 35—49 页。

② 范红霞、戴婉玲：《从“茧房”到“蛛网”：智能化传播中的场景连接》，《东南传播》2019 年第 12 期，第 10—12 页。

在更多的研究中“智媒”“智能传播”呈现为一种语境，学者在“智媒时代”这一语境下探讨新闻传播学更广泛的问题。高慧敏认为智媒时代智能化技术重构交往关系[1]。喻国明、景琦提出在过剩传播的智能化媒体时代，基于人游戏心理的内在需求，传播游戏理论将成为主导性实践范式[2]。彭兰对智媒趋势下人机关系进行了深入研究，提出人机协同是常态机制，但是人和机器有不同能力偏向，内容生产中各守一端[3]。段鹏[4]对智媒时代未来影像的发展趋势做了阐释，提出未来影像具有虚拟与现实融合、全方位感官延伸、智能影像化生存等特征。吴炜华[5]、张守信 针对面向智能传播的数字出版人才培养做了定性比较研究。高宪春[6]讨论了智能传播时代广电媒体发展的五个维度。本书的研究议题智能传播环境下的新

---

① 高慧敏:《智能化媒体时代社交形态探究——基于〈德意志意识形态〉的交往观》,《青年记者》2019 年 12 月下。

② 喻国明、景琦:《传播游戏理论:智能化媒体时代的主导性实践范式》,《社会科学战线》2018 年第 1 期。

③ 彭兰:《智媒趋势下内容生产中的人机关系》,《上海交通大学学报(哲学社会科学版)》2020 年第 2 期。

④ 段鹏:《智能媒体语境下的未来影像:概念、现状与前景》,《现代传播》2018 年第 10 期。

⑤ 吴炜华、张守信:《面向智能传播的数字出版人才培养定性比较研究》,《现代出版》2020 年第 2 期，第 23—31 页。

⑥ 高宪春:《论智能传播时代广电媒体发展的五个维度》,《电视研究》2018 年第 8 期，第 21—23 页。

闻生产亦是智能传播语境下对新闻生产实践、变迁、趋势的探讨。

（二）智能技术驱动新闻生产创新的学术动态

处于剧烈转型期的新闻业激发了研究者的热情，研究集中在对新闻生产过程的研究，主要在新闻机构、新闻生产习惯、新闻传播效果等方面。本书所探讨的议题智媒时代的新闻生产是基于创新视角的讨论。技术革新改变着新闻人的职业活动、新闻机构的制度安排和新闻产业的生态系统(Anderson 2011,2012，2015)。关于互联网技术给新闻生产带来的机遇与创新始终是近年来的学术热点。在当下新闻业创新中，大数据、算法、机器人程序等新兴技术对新闻信息的生产方式、生产流程、产品形态以及新闻人的职业技能和角色定位都带来了巨大冲击。

西方新闻学界关于数字和网络技术改变新闻生产的研究始见于 2000 年前后。在以新闻从业者为对象的早期研究中，既有以 Jane B.Singer(2007;1997,1998) 为代表的对从业者职业认知变化的考察，也有以 Mark Deuze 为代表对职业技能和行为变迁的研究(1999,2004,2005;2001)。而网络新闻生产在 21 世纪第一个十年中的总体研究趋势包括五个方面：历史和市场环境、创新的进程、新闻人职业活动的变化、网络技术对新闻职业动力机制的挑战以及受众生产内容在网络新闻生产中的角色(Mitchelstein & Boczkowski,2009)。Mitchelstein 和 Boczkowski 基于综述发现，这一时期的网络新闻生产研究在研究方法上缺乏长时段和基于实地考察的实证研究，在研究对象上局限于新闻业较为发达的欧美地区，在研究视野上有待纳入对受众参与行为和新闻消费活动的更多考量。这些缺陷在后续研究中得到了弥补。以 David Domingo 为代表的学者将社会学领域的“行动者网络理论 *Actor-networked Theory*”和“民族志 *Ethnography*”的研究方法应用到受数字网络技术冲击的新闻编辑部生产研究中(Domingo etal.，2014；Mico，Masip，& Domingo，2013；Weiss & Domingo，2010)。将社会学理论和人类学研究方法应用于新闻生产的组织和实践的研究，呼应着新闻学理论发展继规范性和经验性之后的社会学趋势(Steensen&Ahva，2014)。尽管已有学者呼吁新闻学理论应以生态系统和产业全景的第四代理论视野来考察专业媒体、自媒体、网络平台和媒体消费者之间的复杂关系，但专注于组织内部权利格局和角色互动的社会学视角，仍不失为从微观层面研究专业媒体组织的有效手段。

伴随着新闻编辑部的新技术应用，“计算机新闻 *computational journalism*”“自动化新闻 *automated journalism*”“数据新闻 *data journalism*”“算法新闻 *algorithm journalism*”和“机器人新闻 *robot journalism*”的概念出现，凸显某些信息技术对新闻生产的重大影响。基于特定信息技术手段的新闻生产方式，最早见于20世纪90年代出现的“计算机协助报道 *computer-assisted reporting*，CAR”，这一概念主要指在满足公共信息需求的调查新闻中采用计算机技术手段进行信息的收集、分析和整理。相较而言，数据新闻的概念偏重于凸显新闻信息来源的大数据和开放性特征，计算机新闻的概念则用于强调信息生产的自动化和抽象化的特征（Coddington，2015）。在信息技术对新闻生产的影响中，大数据扮演至关重要的角色，而算法技术既可以提高大数据资源的使用效率，也可以从开放信息源中挖掘更多大数据，所以算法与大数据息息相关（Napoli，2014）。自动化新闻的概念与计算机新闻的概念较为接近，但它更侧重于显示技术手段对生产方式的改变，尤其隐含着新闻人职业活动受技术应用影响出现的制度性变化。这些新概念的出现，共同反映了新闻生产的“量化转向”，所以它们又被学者归纳为“量化新闻”或“数据驱动的新闻 *data-driven journalism*”（Lewis，2015）。

尽管存在不同侧重点，以上概念共同指向在新闻生产活动中新闻从业者与技术的协同关系。诚然，一些实证研究发现新闻人在接触新技术的初期会有抵触情绪，也会因循于传统生产方式的惯性（Boczkowski & Mitchelstein，2010；Domingo et al.，2008）。但新闻职业技能与包括算法和大数据在内的计算机技术的结合是新闻业发展的大势所趋。因此，更多学者开始探讨实现人机协同的恰当方式和必要条件。Lewis和Westlund提出了分析大数据对新闻职业活动作用的四个方面：认识论、专业、经济和伦理；这四个方面代表着新闻人对职业活动的认知和专业行为的渐进改变，也代表了作为商业组织的媒体活动在经济价值和伦理价值之间的协商和博弈(2015)。Anderson 则顺应着新闻学理论的社会学趋势提出了计算机新闻生产的分析框架，包括政治、经济、场域、组织、文化和技术六个层次(2012)，这一框架基于 Schudson（2005）对新闻活动的社会学分析的四个层次，并在此基础上增加了场域理论和技术革新的视角。相较而言，Lewis 和 Westlund 的分析层次适用于新闻组织内部的技术应用及其影响分析，而 Anderson 的分析框架囊括了更为宏观的视野，与其所倡导的“信息生态系统 *ecosystem*”思路有所关联(Steensen&Ahva，2014)。不同层面的理论研究成果显示，以数据和算法为主的计算机新闻生产已经引发了新闻生产和消费的深刻变化(Franklin，2014；Napoli，2014)。

对基于数据和算法的新闻生产而言，数据资源的形成和角色不同于传统新闻信息源。基于对美国数据新闻生产活动的观察，Anderson 倡导采用“行动者网络理论”视角来考察数据驱动的新闻生产，他认为数据是物质、文化和生产实践共同作用下的“集合物 *assemblage*”，数据新闻生产的基础在于将数据作为“报道 *report*”而不是“记录 *record*”(2015)。另外，Cohen 等人认为计算机新闻生产技术会对政治传播产生巨大影响，因为新闻从业者可以获取法院记录、司法听证记录、官员日程表、执政者会议记录等信息源，并对这些信息进行扫描、分析和视觉化的处理；同时，新闻从业者不再专指全职的专业记者和编辑，计算机科学家如软件程序员也会加入到公共信息生产过程中(2011)。实际上，基于数据和算法的计算机新闻生产对网络环境的利用已经远超公众所知的范围，2016 年 4 月的“巴拿马文件”案例因数据源的巨量规模和复杂联系，以及长期的数据跟踪分析而被认为是数据技术支持调查新闻的巨大成功。109 家新闻机构的 400 多名记者共同完成了回溯 40 多年历史信息并涉及 1100万份政经文件的“大数据新闻生产”①。除算法、数据以外，自动化新闻也是研究的热点，随着实践的深入研究渐趋细致，如 David Caswel（2018，2019）的两篇论文回顾了自动化新闻的实践，并探讨结构化事件和结构化叙事以及如何把复杂事件作为数据来写作等问题。

然而，技术工具和手段在新闻生产中的利用已突破传统的新闻职业行为标准，并由此形成难以抉择的困境，例如受商业主义和技术便利影响下的信息生产的市场外部性后果。自动化和基于算法和数据是新闻生产中出现“自治决策”(Diakopoulos，2015)，这一现象改变了新闻人的职业规范和新闻机构的组织流程。同行评议的英文期刊《Digital

① Panama Papers: How 400 journalists made sense of biggest ever data leak to media, 2016/04/10, www.pressgazette.co.uk

Journalism》在2015年第3期特刊中集合了三篇对数据新闻进行批判性思考的文章。基于对美国《洛杉矶时报》以计算机新闻技术进行的犯罪新闻生产的实证研究，Young和Hermida对这类严肃新闻生产所受技术因素的影响提出质疑：怎样确定新闻素材是否被采用；采用何种推理风格；技术手段体现了谁的价值；这些价值如何影响公众对复杂事件的理解(2015)。这些质疑揭示了技术主导新闻生产的困境，即如何把控那些无法被量化的、涉及伦理和情感的新闻价值要素。作为对算法新闻的规范性建议，Diakopoulos提出“算法可靠性报道*algorithmic accountability reporting*”的概念，以阐释计算机新闻实践在社会环境中的权力结构、潜在偏见和影响；更重要的是，算法的力量应当被运用到更为细节化的新闻生产决策中，包括明确重点、分类、联系和筛选(2015)。不同于Young和Hermida对算法技术的质疑，Carlson(2015)对大数据主导新闻生产趋势下新闻职业权威的动摇表示忧虑。除这三篇对数据新闻生产较为直接的批判性研究外，Maeyer等人以比利时法语地区的数据新闻生产活动为实证对象，提出数据驱动新闻不仅改变了新闻生产活动，也对整个社会环境中的媒体活动产生影响，因此“数据新闻”不只是一种产业实践，更是一种社会现象；基于这一观点，新闻从业者以外与新闻活动有关的社会成员主体意识和价值判断都应该随之做出调整(2015)。Nicholas Diakopoulos & Michael Koliska（2017）提出应增加算法的透明度。算法因信息茧房（Devito，2017）、“后真相社会（Newman et al.，2017）、对公共性的冲击（Carlson，2015）饱受质疑。传播政治经济学派学者对平台媒体中用户内容生产的无酬数字劳动表示忧虑（Brian Brown，2014）。Nick Srnicek（2018）指出平台资本主义的核心在于提取更多的数据，通过用户画像进一步拓宽业务范围并成为垄断性企业。在最新的研究中，算法与机器学习、大数据结合起来，Reuben Binns（2019）指出除建模中包含系统设计人员的偏见之外，用于训练的数据本身如果存在结构性歧视，经过训练的机器就会“学习”歧视。

国内学者在智能技术对新闻业影响这一研究领域基本和国外同步。从媒体创新的范式来研究人工智能在新闻业应用的文献较多。支庭荣等（2016）认为新华社的机器人“快笔小新”将带来新闻生产力的一次解放。喻国明（2017）以美联社的实践为例分析了智能媒体新闻生产与传播的范式，提出“智能传媒将导致传播内容从单一向全息传播转变，传播方式从同质化向分众化、精准化转变，传播主题从受众向人机协同转变[①]”。许向东（2017）对自动化新闻的实践进行了详尽的分析，认为自动化新闻在快速、准确、针对性方面有优势，但是在可读性、解读性方面有局限性。

---

① 喻国明：《人工智能驱动下的智能传媒运作范式的考察——兼介美联社的智媒实践》，《江淮论坛》2017 年第 3 期，第 134—138 页。

彭兰（2017）认为，社会化媒体、大数据、物联网等技术与人工智能技术呼应，给新闻生产、传播、消费环节带来很大变化："用户分析的场景化、精准化与智能化，新闻生产的机器化、智能化与分布式，新闻分发的社交化、个性化，新闻体验的临场化，互动反馈的传感化与智能化[①]。"吴小坤对计算智能的方法特征和技术趋势进行归纳和分析，探讨计算智能在媒体内容挖掘中的前沿应用[②]。2019 年后，更多学者基于新闻业实践提出人工智能技术正在形塑新闻生产全产业链。

学者对智能技术在新闻业的应用做了不同维度的反思。仇筠茜、陈昌凤认为人工智能技术的介入将新闻全流程纳入了"黑箱"，带来算法偏见等诸多问题。翟秀凤（2019）认为平台算法形成了一种隐蔽而日常的规训力量。曲慧、喻国明（2019）认为失序的个体媒介消费模式与"反互联"的产业结构两方面因素共同促成了新的信息穷人。彭兰（2020）认为，社交网络、平台、算法等都有可能固化人们的信息获取路径，信息茧房的形成是多种因素的共同作用。人工智能技术带来的伦理与法律问题是学者们关注焦点。陈

①彭兰：《更好的新闻业，还是更坏的新闻业？——人工智能时代传媒业的新挑战》，《中国出版》2017 年 12 月下，第 3—8 页。

② 吴小坤：《计算智能在媒体内容挖掘领域的前沿应用与新趋势》，《南京社会科学》2018 年第 7 期，第 106—112 页。

昌凤等提出“人机交互，技术与价值理性共融，可让人工智能更多地体现人的主导性与价值观”[①]。吴飞（2017）[②]认为，人是感情与理性交互的动物，会因为不同场景产生不同的信息与精神产品的流动性需求。人工智能虽然日益向准确性靠近，但是还无法达到需求。刘海明则从新闻真实的“假设真实”与人工智能带来的“虚构真实”两者的界限展开研究，探究新闻伦理如何在约束人工智能发展的同时保障其良性进化[③]。

（三）“连接”视角的起源与研究范式

“互联网 +”30 年，互联网公司强调其最重要的任务是连接。马化腾认为腾讯的定位就是两件事：连接器和内容。连接器是指“通过微信、QQ 通信平台，成为连接人和人、人和服务、人和设备的一个连接器”[④]。在其后很多新媒体实践

---

① 陈昌凤、石泽：《技术与价值的理性交往：人工智能时代信息传播——算法推荐中工具理性与价值理性的思考》，《新闻战线》2017 年 9 月上，第 71—74 页。

② 吴飞：《新闻传播研究的未来面向：人的主体性与技术的自主性》，《社会科学战线》2017 年第 1 期，第 148—158 页。

③ 刘海明、付莎莎：《技术的界碑：人工智能对新闻真实的伦理挑战》，《现代传播》2019 年第 9 期，第 76—81 页。

④ 虎嗅：《马化腾说，腾讯只做两件事：连接器和内容产业》，2015 年 4 月 29 日，网址：https://www.huxiu.com/article/113931.html。

中，乃至在主流媒体的媒体融合实践中也强调重建媒体与用户的连接。回顾“硅谷预言帝”、《失控》作者凯文·凯利多年来的演讲，“连接”始终是个关键词。一定意义上说，连接关系始终被视为一个新媒体发展过程中重要的探索角度。

互联网＋话语体系中的“连接”究竟指什么？可以回溯到网络社会理论。曼纽尔·卡斯特在其经典著作《网络社会的崛起》一书中提出网络建构了新社会形态，“网络化逻辑的扩散实质地改变了生产、经验、权力与文化过程中的操作与结果[①]”。卡斯特认为网络是一组相互连接的节点，“只要能在网络中沟通，亦即只要能够分享相同的沟通符码（例如价值或执行的目标），就能整合入新的节点[②]”。卡斯特的理论认为连接关系使得网络社会崛起。简·梵·迪克则温和地批判了卡斯特的网络社会理论，他认为网络不会如同卡斯特所说的那样成为当代社会的基本单元，网络更像社会的神经系统，社会对网络在各个层面加以适应。在个人层面呈现出“网络个体化”现象，网络作为加强社会交往和互动的系统方式崛起[③]。简·梵·迪克认

---

① 曼纽尔·卡斯特著：《网络社会的崛起》，社会科学文献出版社 2001 年版，第 434 页。

② 曼纽尔·卡斯特著：《网络社会的崛起》，社会科学文献出版社 2006 年版，第 434 页。

③ 简·梵·迪克著：《网络社会——新媒体的社会层面》，清华大学出版社 2014 年版，第 29 页。

为网络是“某个单元各要素间联系的集合”[①]。网络社会理论阐释了新社会形态“个人－个人”“个人－群体”“群体－群体”和“人－物”之间的连接关系。在社交媒体崛起之后，连接关系成为学者非常关注的研究议题，美国社会心理学家斯坦利·米尔格兰姆于1967年提出的六度关系理论及美国社会学家马克·格拉诺维特于1974年提出的弱连接理论也被学者重新提起作为研究社交媒体的理论基础。

作为“互联网＋”的连接关系更经常被作为一种研究视角，研究者以此来探讨媒介发展中的问题。彭兰（2013）从连接关系的演进阐释了互联网进化的基本逻辑，指出web3.0时代内容连接和终端连接发生质变[②]，2019年再提出当“连接一切”成为互联网界的一句口号时，应关注过度连接带来的问题，适度不连接和反连接可能成为另一个法则[③]。喻国明、马慧提出，“连接一切”的信息技术革命引发社会场景与个体角色变换，社会资源和权力格局重新分配[④]。陈昌凤等提出公众生产

---

① 简·梵·迪克著：《网络社会——新媒体的社会层面》，清华大学出版社2014年版，第24页。

② 彭兰：《“连接”的演进——互联网进化的基本逻辑》，《国际新闻界》2013年第12期，第6—19页。

③ 彭兰：《连接与反连接：互联网法则的摇摆》，《国际新闻界》2019年第2期，20—37页。

④ 喻国明、马慧：《互联网时代的新权力范式：“关系赋权”——“连接一切”场景下的社会关系的重组与权力格局的变迁》，《国际新闻界》2016年第10期，第6—22页。

新闻的传播路径是连接、联动、认同，三条不同路径共同完成信息的扩散[①]。宋建武等提出媒体正在进化为基于互联网连接的平台型媒体[②]。郭全中提出传统媒体在转型中应以用户为中心，重建与用户的连接。[③]

三、研究内容

本书主要研究内容是智能传播环境下新闻生产与传播的实践探索与未来转型面向。

本书力争在研究视角层面有所创新：第一，基于新的新闻业生态系统中的三对连接关系来探察新闻生产。这三对连接关系分别是"媒体—用户""媒体—平台""媒体—其他各类内容生产行动者"。第二，基于人和人工智能协同合作的视角来研究新闻生产，并针对媒体转型提出建设性的对策和建议。第三，全景视角。即不从传统媒体内视角出发探究新闻生产变革，而是把新旧媒

---

① 陈昌凤、马跃然：《连接、联动、认同：公众生产新闻的传播路径研究》，《新闻与写作》2018 年第 2 期，第 5—10 页。

② 宋建武、彭洋：《媒体的进化：基于互联网连接的平台型媒体》，《新闻与写作》2016 年第 8 期，第 5—9 页。

③ 郭全中：《重建用户连接的三大平台建设》，《新闻与写作》2015 年第 10 期，第 44—47 页。

体放置于一个全景的内容产业生态系统。第四，用户视角。事实上，这是一本研究智能传播环境下如何以用户为中心进行新闻生产的专著。网络社会，互联网中互动连接关系最根本的改变是释放了用户权利，个体原子化，用户部落化，本书梳理了技术驱动下用户被激活的背景下新闻生产实践的变化。

本书共分 7 章，主要内容安排如下：

第一章为绪论。介绍研究背景、研究价值、研究内容，并对相关学术动态做了回望与评述，这一章是理解本书的内容及脉络的线索和导论。

第二章为智能传播语境。这一章是全书的理论框架与研究语境综述。这一章主要分为三部分：一是智能传播语境下的连接关系，对几种连接关系进行了理论阐释；二是智能媒体发展历程，概述人工智能技术在新闻业的应用状况；三是智能传播的未来图景展望。

第三章为基于连接关系的新闻业生态变迁。这一章根据新闻生产过程建构了新闻书写的模型，并将连接关系嵌入模型，对新闻业 1949 年以来的生态变迁作了历史性梳理。这一章对于理解技术驱动下新闻业变革的动力机制、变迁规律具有重要意义。

第四章为智能编辑部。这一章结合中外媒体编辑部的实践，分析智能编辑部的技术体系、流程再造、组织重构、人才配置，并解析人工智能技术如何渗透新闻生产全过程。

第五章为智能传播环境下的新闻生产。这一章从“媒体—用户”“媒体—平台”“媒体—其他各类内容生产行动者”三类连接关系入手，在微观层面梳理并阐释了技术驱动下新闻生产常规的突破与创新。

第六章为智能传播环境下的新闻分发。互联网改变连接，连接改变用户。人工智能技术改变最大的新闻生产环节是分发，如何针对变化了的用户进行传播。这一章着重分析了人工智能技术赋能所带来的传播渠道变革、传播方式、观念、载体等变化，并重点阐释了用户关系变化所带来的场景传播、社群传播等传播方式创新。

第七章为问题、挑战与展望。技术从来都是一柄双刃剑，看到智能新闻业激动人心的图景时，各界对人工智能所带来的风险的关注也甚嚣尘上。这一章主要探讨智能媒体传播带来的算法弊端、用户数据资产权缺失与隐私泄露等问题，并从法律规制、人与人工智能的关系等角度加以探讨。

第二章

智能传播语境

从蒸汽机时代、电气化时代、信息化时代到智能化时代，工业 4.0 正快速行进中。工业 4.0 这场技术革命的核心是网络化、数据化与智能化的深度融合。当智能制造被网络连接激活之后，辅以大数据计算，我们将迎来智能传播时代新的传播景观。

本书基于智能传播语境对新闻生产变革的历史、现状、趋势进行讨论。那么，如何理解智能传播语境？如何理解本书的落脚点——智能传播语境下的连接视角？这一章着重对本书核心研究问题的研究背景及理论视角做集中阐述。

一、智能传播：概念解析

如前一章文献综述中阐明，目前学界、业界对“智能传播”这一概念的理解有狭义、广义之分。本书采用广义的概念。“智能传播是指将具有自我学习能力的人工智能技术（*Artificial Intelligence*，简称 AI）。应用在信息生产与流通中的一种新型传播方式[①]。”

研究者对智能传播从多维角度进行了深入阐释。彭兰认为智能时代意味着内容生产进入2.0时代，迎来新内容革命——“以算法为核心的内容分发2.0，个性化与社交化交织、消费与生产一体的内容消费2.0[②]”，四川大学杜杨玲将智能传播看作一个系统，认为该系统由泛在网络成为基础设施、人工智能技术延伸至人脑[③]。郭全中认为，智能传播可以视为我国互联网媒体演化到3.0阶段的最新传播方式，以智能化、数据化为特点。谭铁牛、曾静平认为智能传播以超级大数据为依托，“应用于现代传播作品组合拼装配送等生产环节、内容识别和产业管理等的方方面面。”[④]上述研究者的观点不尽相同，但是在两个方面形成一定共识：第一，智能传播是一个带有标志性意义的新的传播阶段；第二，智能传播指在智能化、数据化基础上覆盖新闻采集、制作、分发、经营等各个环节的新生产传播方式。

---

① 张洪忠、兰朵、武沛颍：《2019年智能传播的八个研究领域分析》，《全球传媒学刊》2020年第1期，第35—49页。

② 彭兰：《智能时代的新内容革命》，《国际新闻界》2018年第6期，第88—109页。

③ 杜杨玲：《从符号逻辑到认知体验：智能传播系统化运作的历史、现状与趋势》，《重庆广播电视大学学报》2018年12月，第20—30页。

④ 谭铁牛、曾静平：《智能传播的现实应用、理论溯源与未来构想》，《浙江传媒学院学报》2018年第2期，第2—8页。

本书认同上述学者的判断，所指的智能传播语境为以智能化、数据化、网络化为特征的新传播阶段。与传统媒体主导的大众传播时期相比，智能传播阶段有几个鲜明的特点：首先，智能传播阶段的新闻生产以人机协同为特征。智能化技术成为这一阶段新闻生产的助力和支撑。其次，智能传播阶段的新闻生产仍以移动互联网为基础设施，网络社会原子化的个体成为智能传播阶段新闻生产的复杂面向。再次，数据成为智能传播阶段新闻生产的基础资源。智能媒体借助各种数据进行新闻生产、竞争对手分析、用户消费行为分析、精准广告投放等。最后，智能传播阶段适配于内容海量的情境，“生产、分发、消费三者的界限日益模糊，三者互相渗透、相互驱动[①]”。

二、人工智能技术在新闻业的应用

计算机视觉、机器学习、自然语言处理、机器人和语音识别等人工智能核心技术正在加速进入应用场景。在传媒业，仅仅几年的时间，热门议题已经从“机器人会取代记者吗？”让位于“智能编辑部里如何做到人机协同。”

① 彭兰：《智能时代的新内容革命》，《国际新闻界》2018年第6期，第88—109页。

（一）人工智能技术在新闻业的发展历程

人工智能技术在新闻业的应用沿着两条线程展开：一条线程充满探索性，媒体尝试采纳智能技术创新新闻生产与分发；另一条线程则充满怀疑和批判精神，业界和学界一直寻求如何规避和防范人工智能技术可能带来的弊端。

在新闻业较早的有影响力的智能技术应用是自动化写作，通俗地称作机器人写稿。2010年，一家名为*"Narrative Science"*（叙事科学）的服务公司推出了机器人写稿软件，该软件致力于让计算机像人一样创作。美联社于2014年7月开始采用机器人Wordsmith写稿，每周可以量产数百万篇报道。开始采用Wordsmith系统前，美联社每季约发出300条财报相关报道，采用Wordsmith系统之后，条数达到3000条上下[①]。2015年以后，《洛杉矶时报》等国外各大媒体逐步都启用写稿机器人。在中国最早的写稿机器人是腾讯财经频道的Dreamwriter，2015年9月10日，Dreamwriter发布了一篇名为《8月CPI涨2% 创12个月新高》的报道。同年11月7

---

① 李梓瑄、谭利娅：《美联社自动写稿系统运营正常化 已不需人工纠错》，环球网2015年2月2日，网址：https://world.huanqiu.com/article/9CaKrnJHnTx。

日，新华社推出了写稿机器人“快笔小新”。“快笔小新”主要用于体育赛事、财经信息领域的报道。此后，第一财经的“DT稿王”、《南方都市报》的“小南”、今日头条的“张小明”陆续加入自动化写作大军。自动化新闻写作的技术原理是机器读取数据，再将数据填写在预先设置好的新闻模板上，自动生成新闻。自动化新闻写作提升了新闻生产的效率，一条新闻通常可以在几十秒之内完成。随着智能技术的迭代，自动化新闻写作技术也日益成熟，当自动化新闻发展到一定程度，它会成为“一个完全的智能化系统，会根据每个受众特征的不同，选择不同的新闻事件、不同的生成算法或者算法参数生成不同的文章，并推送到每个人的媒体终端上。①”

考虑到人工智能技术的战略意义，各国纷纷出台对该技术的促进政策，人工智能作为战略性新兴技术，开始大规模进入各行各业的应用场景。美国2016年5月成立“人工智能和机器学习委员会”，负责协调全美各界在人工智能领域的行动，探讨相关政策和法律；“2016年10月美国发布《为人工智能的未来做好准备》和《国家人工智能研究和发展战略规划》两份报告，将人工智能上升到国家战略层面②”。在我国，国

---

① 沈浩、元方：《“大数据时代”的自动化新闻写作的历史、实践与未来》，《新闻爱好者》2017年第4期，第19—25页。

② 李晓华：《世界主要国家人工智能战略及其产业政策的特点》，《经济日报》2019年4月17日理论版（第14版）。

务院于2017年7月8日印发并实施《新一代人工智能发展规划》，人工智能被视为引领未来提升国家竞争力的战略性技术、经济发展的新引擎、社会发展的新机遇。

伴随人工智能技术在应用领域的快速推进，人工智能也与新闻生产有更深入的结合，更多的智能技术进入新闻业。人民网于2016年推出无人机报道，新华社联合搜狗于2018年推出全球首个“AI合成主播”，在新闻领域开创了实时音视频与AI真人形象合成的先河。近年来，随着物联网迅速崛起，传感器新闻升温。传感器新闻“是指专业记者和自媒体运营者通过传感器收集和利用海量信息与数据来“讲故事”的新闻生产模式[①]”，摄像头、智能家居、航运数据等都可成为媒体采集信息的工具。智能算法则广泛应用于内容推荐、分发领域。今日头条、快手、抖音等内容分发平台利用智能算法进行个性化推荐与内容审核。

人工智能技术在新闻业拓展创新的同时，学者和业界也致力于探索和规避人工智能技术可能带来的风险和新问题，各界最关切的问题有这样几个方面：首先，人工智能技术带来的偏见。英国下议院科学和技术委员会关于机器人技术和人工智能的报告以谷歌相册将深色皮肤的人群标记为大猩猩

---

① 史安斌、崔婧哲：《传感器新闻：新闻生产的“新常态”》，《青年记者》2015年7月上，第82—83页。

的案例表达了对于人工智能系统内置的偏见与歧视的关切[①]。这一案例揭示，人工智能机器会受人工设计的结构和学习进程中接收数据的世界观的影响，在新闻业，这往往导致其在新闻推荐及分发过程中产生偏见，即由于算法设计者自身的偏见造成算法设计出现偏差。近年来，各界一直在批评算法设计过于商业化造成移动端内容低质量娱乐化。其次，社交媒体机器人造假也在困扰新闻分发。在很多社交媒体平台，可以模仿人类内容生产行为的机器人账号在大量推送假新闻。难以捉摸的机器人还很容易渗透到一群不能识别机器人的人类中，影响他们对新闻的判断和感知。此外，信息茧房、人工智能伦理等问题也在困扰人工智能的发展。一定意义上说，技术带来的问题仍需技术解决，各内容分发平台探索算法优化的方法，并开发新闻核查的工具，如 Facebook 利用人工智能改善社交网络的许多问题，如欺凌、仇恨言论、暴力、虚假账户等。

人工智能技术进入新闻业应用场景仅仅几年时间，行业内对其从抵触到接纳。新闻业从人工智能威胁论走向了人机协作探索，即从探讨“机器人会替代记者吗”这样的话题到开始探索“如何在新闻编辑部开展人机协同”。哥

---

① 腾讯研究院：《人工智能各国战略解读：英国人工智能的未来监管措施与目标概述》，《电信网技术》2017 年 2 月第 2 期，第 32—39 页。

伦比亚大学数字新闻中心发布的报告[①]认为，人工智能工具可以帮助记者完成因资源匮乏或技术无法触及而难以推进的故事。美联社于2017年推出的新闻编辑部人工智能使用手册里指出人工智能可以参与烦琐的初级任务，将记者解放出来从事更复杂、更高质量的报道工作。

（二）人工智能技术在新闻生产中的全流程渗透

如果将人工智能技术在新闻业的应用场景做分类梳理，可以发现机器写作、认知识别、文字语音转换、数据分析、智能分发等应用已经分布在新闻生产的全链条，在国外，美联社、华盛顿邮报、Quartz、BBC等媒体探索如何将人工智能技术引入新闻编辑部。在国内，从中央级媒体到地方媒体，2019年以后已将智能化技术纳入媒体融合转型的下一步发展规划，人工智能技术已经从探索期走向规模发展应用阶段。

第一，提高新闻信息采集能力。人工智能技术助力记者采集使用传统采访方法难以采集到的信息。

首先是采访场景延伸。美联社、纽约时报、华盛顿邮报

---

① 许小廷、刘超、刘紫月、唐梓涵：《当新闻业遇到人工智能：新闻编辑室中的机遇、挑战与变革》，话梅糖微信公众号2018年1月22日，网址：https://www.jzwcom.com/jzw/12/19232.html。

等新闻机构 2015 年开始通过无人机搜集新闻素材，这使得原本难以拍摄的场景能够被采集到，并能获得角度更佳的精彩画面。如 CNN 曾使用无人机拍摄了路易斯安那州的洪水、密歇根州弗林特的水污染、叙利亚空袭后的阿勒颇、尼泊尔的地震等难以深入的新闻现场；BBC 则利用动物机器人拍纪录片，机器人栩栩如生动物没有戒备心，纪录片画面更为生动。

其次是信源拓展。传统新闻采集以记者对采访对象的面对面或者通过社交软件等中介的采访为主。人工智能技术则拓展了信源，记者可以通过数据挖掘、传感器来获取新闻线索。特别是随着 5G 时代的到来，万物互联，传感器新闻将兴起。“传感器新闻是指使用传感器收集并生成数据，然后经过数据分析、可视化呈现等方式来支持新闻报道。”[①] 5G 时代，数据进一步汇聚，内容采集甚至可能从记者采集新闻为主逐步转向以采集处理各种传感器所采集的数据为主。

再次，化身记者助手。人工智能技术正在延伸人的能力，他们的作用之一是成为记者的助手，延伸记者的能力，帮助记者完成难度更高的工作。例如，2019 年“两会”期间，新华社为记者配备智能 AR 直播眼镜辅助采访。英国 BBC 新闻

① 米华：《物联网时代西方传感器新闻生产的理念和实践》，《中国编辑》2019 年第 12 期，第 97—103 页。

实验室则使用智能工具 Juicer 进行信息提取工作。“如果一位记者正在寻找关于特朗普总统的最新报道，Juicer 会快速检索网页、BBC 本地资源库和外部资源来收集和摘录新闻文章，快速提供准确信息，极大地提高了记者的工作效率。[①]”信息跟踪机器人的出现也为记者获取新闻事实提供了新的途径。例如，网络媒体 Quartz 科技记者曾研发一款推特机器人，用来跟踪勒索病毒，并写出一篇独家调查报道[②]。

第二，多媒体自动化新闻制作。在新闻制作环节，自动化写作、视频剪辑、计算机视觉、语音图像识别等技术均已广泛应用，MGC（Machine Generated Contents，机器生产内容）时代到来。技术日趋成熟，文本资料和数据库日益丰富，自动化新闻已经在新闻业加速普及，除了腾讯 Dreamwriter、新华社小新之外，微软小冰也开始为钱江晚报客户端、封面客户端等写稿，此外中国地震网等政务机构也开始应用机器人写稿。随着新闻生产的自动化技术提高，除了图文的自动化写作之外，MGC 已经进化到可以自动化

---

① 企鹅号 MediaPlus:《全球 AI 新闻创新实践系列：纽约时报、BBC、路透社、卫报这么干！》，网址 :https://cloud.tencent.com/developer/news/5155。

② Keith Collins: The hackers behind the WannaCry ransomware attack have finally cashed out,August 3,2017, https://qz.com/1211957/how-much-money-do-people-need-to-be-happy。

生产视频内容。《今日美国》通过与人工智能企业 Wibbitz 合作提升视频编辑效率。“Wibbitz 的产品能够自动识别文本内容，并从网上获取相关的图片等信息，然后将这些信息立刻整理转变成一个交互视频，同时还会添加相关图片和朗读配音。”[①] 2017 年 12 月新华社发布了“首条 MGC（机器生产内容）视频新闻，这条时长 2 分 08 秒的视频由‘媒体大脑’中的 2410（智能媒体生产平台）系统制作，计算耗时只有 10.3 秒[②]”。新华社 MGC 视频新闻《“媒体大脑”想陪你聊聊“两高”这五年》2019 年获得中国新闻奖媒体融合奖，作品全程由人工智能技术生成。

第三，智能化新闻核查。UGC（用户生产内容）、PGC（专业生产内容）、OGC（职业生产内容）、MGC（机器生产内容）每天向内容分发平台上传海量内容，这给内容审核带来巨大压力，假新闻、黄色、暴力、诽谤、攻击……靠人工审核难以完成如此巨量的工作，人工智能技术被广泛用于助力新闻核查。Facebook 从 2016 年开始越来越多地使用人工智能技术对不良内容加以甄别。国内快手、抖音、今日头条等内容

① 王沛楠：《人工智能与全球新闻编辑室的转型》，《中国编辑》2018 年第 7 期，第 9—13 页。

② 新华社成都分社：《新华社发布国内首条 MGC 视频新闻，媒体大脑来了！》，新华社客户端 2017 年 12 月 26 日，网址：http://www.xinhuanet.com/2017-12/26/c_1122170364.htm。

分发平台也使用人工智能技术核查内容。腾讯的较真平台在2019年升级为辟谣中台，“像一个巨大的中央信息处理系统，一端连接着海量的资讯，对每天接入的资讯进行鉴定和识别；另一端连接着海量用户，将谣言进行识别处理，将优质的内容分发给用户[①]”。在这个辟谣中台，技术和人共同发挥作用，一方面智能技术进行甄别，另一方面也需要各行各业的专业人士在较真平台帮助科普和鉴定。

第四，算法推荐技术主导智能分发。Facebook、今日头条等越来越多的内容分发平台引入人工智能算法，纽约时报、华盛顿邮报、人民日报等品牌媒体的App平台也开始利用人工智能提升个性化推送的精准程度。智能分发的机理是通过机器学习技术对用户画像，再利用人工智能面向用户精确推送内容。智能分发的特征是精准化、个人化、强交互，新闻业从“千人一面”逐步走向“千人千面”。智媒技术同时探索更多抵达个体读者的方式，例如“新闻聊天机器人”，也被称作“新闻社交机器人”，运用人工智能技术与用户使用对话方式精准推送自动筛选的新闻资讯，不仅实现了一对一的个人化分发，媒体与用户之间的互动交流也提高了内容

---

① Zaker:《腾讯网副总编辑李天亮:人机协同，构建区域内容新生态》，2019年7月16日，网址：http://mini.eastday.com/mobile/190716183915479.html。

服务的人情味。美国数字商业新闻网站 Quartz 的新闻聊天机器人提供的新闻阅读起来就像来自朋友的短信，它甚至学会了使用与用户相似的交谈方法、GIF 动图以及表情符号。当用户浏览完当前新闻后，Quartz 机器人还会向用户提些问题。新闻聊天机器人不仅能够提高新闻服务质量，通过屏读用户数据，也可以积累大量有效用户数据，这为新闻的私人定制提供了基础。

三、智能传播未来图景

新闻业正在以前所未有的速度行进，然而技术发展的速度更快，人工智能技术正在和大数据、云计算、物联网、5G 等技术深度融合，随着人工智能技术度过幼稚期，可能很快我们就会发现现在热议的人工智能应用迭代升级了。本书研究智能传播环境下的新闻生产，希望跳脱光怪陆离、令人眼花缭乱的技术本身，回到新闻生产的基本规律，中立地审视技术驱动下新闻生产出现了何种变革。因而，这一部分，我们将智能传播阶段的基本特征抽离出来加以描述，以备理解后面章节的研究。

概括地说，我们可以如此理解智能传播阶段：

第一，新闻业生态重构为智能化的平台新闻业生态系统。

新闻生产与新闻传播分离，新闻业转换为以内容分发平台为基础设施的平台新闻业。事实上，新闻业生态重构的议题讨论由来已久，进入 web2.0 时代之后，学者就已经意识到技术驱动的新闻业创新并非小修小补，新闻业的边界已经被突破。2012 年 12 月初，美国哥伦比亚新闻学院 Tow 数字新闻中发布的报告就这样阐述："后工业时代的新闻业的第一个假定：新闻机构已经不再掌控新闻，公民、政府、商业机构甚至松散的社会群体的话语权上升。一个新的生态系统正在形成，包括广告商直接接触消费者。[①]" 这是一个有预见性的断言。随着互联网内容海量汇聚，内容生产与内容分发相分离，原本新闻生产与新闻分发一体化的新闻机构开始跨平台分发，除了自建移动 App 以外，同时在各内容分发平台发布新闻以扩大用户覆盖面。用户也越来越倾向于从内容分发平台获取新闻信息。新闻生产机构逐步转变为以新闻生产为主，跨平台传播的内容生产商。内容分发平台以算法引导新闻生产机构生产，新闻业走向算法驱动的新闻业，智能技术深刻地介入新闻的生产、分发和传播等环节。"平台媒体以聚合式、社交性和个性化的方式向用户推送新闻，改变了用户对传统新闻严肃呆板的刻板印象，极大地提升了用户接近新闻的程度，

① 白红义:《重构传播的权力：平台新闻业的崛起、挑战与省思？》，《南京社会科学》2018 年第 2 期，第 95—104 页。

为新闻业注入了新的活力。[①]”尽管关于算法的缺陷一直在研究治理过程中，但是应该看到，对于海量内容的分发，智能化的内容分发平台大大提升了分发效率。

第二，智能媒体作为新闻业的主体。智能传播环境下，智能媒体作为新闻业的主体，提升了整个行业的新闻生产能力。任锦鸾教授等提出“媒体智能化指的是以用户为中心，以满足用户需求为目的，媒体行业通过智能技术的应用，使得媒体系统逐步具备类似于人类的感知能力、记忆和思维能力、学习能力、自适应能力和行为决策能力。媒体智能化的结果就是逐步形成新的智能媒体。”在人工智能技术助力下，新闻信息的采集、制作、分发、审核、反馈等全产业链都提高了生产效率。并且，智能生产支持平台正在支持不同类型的媒体快速走向智能化生产，例如新华社“媒体大脑”智能生产平台，可以秒速生产、海量生产。“媒体大脑”与山东等省份合作，开放“媒体大脑 MAGIC”功能服务和技术服务接口，利用其人工智能技术优势为各省份媒体行业赋能，共同推进新媒体平台生产能力和服务能力。在多方力量作用下，我国新型主流媒体正在向智能媒体迈近。

第三，机器进化为多元内容生产行动者之一。智能传播环

---

① 任锦鸾、曹文、刘丽华、黄锐、祝金甫：《基于技术与市场视角的智能媒体发展态势分析》，《现代传播》，2017 年第 10 期，第 133—137 页。

境下，多元内容生产行动者共同生产和传播新闻。随着内容产业生态的改变，面向平台型媒体推送内容的内容生产者已经不仅是媒体，用户生产内容、政务新媒体、商业新媒体、专业自媒体生产的内容也汇聚在内容分发平台。而自动化新闻、自动化视频、无人机报道、智能主播播报等机器生产内容正在加速入场，MGC（机器生产内容）成为内容产业的多元内容生产行动者之一。MGC 时代的到来使得原本属于专业记者和编辑的传统职权，比如新闻线索挖掘、新闻产制、新闻发布甚至反馈互动等，会越来越多地让渡给人工智能技术。人机协同成为业界关注的焦点。

第四，个人化的新闻服务。“Web2.0 意义上的互联网，是人，因此是社会关系的总和。这个总和，它可能是指人的所有的社会属性、结构、功能和联系。[①]”一定意义上说，新闻生产与传播的时间和空间观念已经改变。社会化媒体的应用是以人为节点的，人通过社会关系进行内容的交换。人即一个汇聚新闻信息的门户。因而，在智能化技术能够满足一对一的个人化内容分发以后，个人化的新闻定制、新闻聚合等服务将随之出现。目前，《钱江晚报》已经在做有雏形意义的探索。《钱江晚报》采取人工推荐和机器推送相结合的方式，试图打造一个涵盖新闻客户端、头部工具类 App 内容流、智

---

① 杜骏飞：《新媒介即人》，《新闻与写作》2017 年第 9 期，第 1 页。

能语音系统、游戏平台、物联网系统的立体式内容分发网络[①]。这为希望从不同平台一站式获取内容的用户提供了便利，每个个体都是一个获取信息的个人门户。

第五，智能技术中介的互动传播。技术进步和产业内生需求推动了人工智能在互动领域的颠覆式发展，随着机器人在内容分发上的应用，媒体与用户的互动将从智媒前时代的线上简单交流、评论管理等转变为一对一交互。可以预见，由于内容一对一个人交互式分发的可实现，文本、音频、图像、视频的自动化生产，人工智能赋能下的传媒业将迎来“个人日报”时期，当然“个人日报”不再是报纸的形态。这意味着尼德罗·庞帝在《数字化生存》一书中曾预言的“个人日报”时代即将到来。在智能传播环境下，媒体将可借由一对一内容分发的用户偏好数据，进入新闻生产的私人定制时代。智媒业的内容生产流程、组织形态、传媒业生态都将面临更大变革。基于大数据的人机交互、人人交互、媒体一对一互动的大发展会带来诸多新挑战。

第六，沉浸式媒介技术带来仿真社会。法国学者让·鲍德里亚的拟像社会和仿真理论近年来经常被援引用来解释沉浸式传播。让·鲍德里亚认为现代媒介及其技术造成了虚拟代替现

① 蒋梦桦:《从人工智能到AR世界:2017中国纸媒的融媒探索——从〈钱江晚报〉的改革谈起》,《中国记者》2018年第1期,第42—45页。

实的严峻状况，建造了一个仿真社会。数字时代的技术乐观主义认为让·鲍德里亚的观点更适合于智能传播环境下的展望。智能传播研究者认为智能传播的最终图景应该是智能化技术建造的仿真社会。人工智能技术最终令传播变得更接近人类社会的人际传播环境，而沉浸式技术和影像的进步最适于引领这一变革。

四、智能传播环境下的“连接”

正如凯文·凯利在《新经济新规则：网络经济的十种策略》中所说：“那些硅芯片们能够在一秒钟之内处理数十亿字节的信息，但它们最重要的产物其实是关系。[①]”互联网连接一切，对于新闻业，互联网的冲击在于其连接和重组了人与人的社会关系，从而变革了生产关系。喻国明、马慧认为，互联网“连接一切”场景下，社会关系重组，权力格局变迁，产生新权力范式——“关系赋权”，而互联网的逻辑是各个领域变革的基础逻辑[②]。

从一定意义上说，“互联网＋”改变连接关系，人工智能技

---

① 凯文·凯利：《新经济，新规则》，刘仲涛、康欣叶、侯煜译，电子工业出版社2014年版，第158页。

② 喻国明、马慧：《互联网时代的新权力范式：“关系赋权”——“连接一切”场景下的社会关系的重组与权力格局的变迁》，《国际新闻界》2016年第10期，第6—22页。

术则是在互联网＋新闻业的基础上的赋能，人工智能技术形塑新闻业的形态和结构。那么,互联网＋到 AI+,新闻业生态重构，新闻业的连接关系发生了何种变革？变革又是如何影响了新闻生产的观念和常规？媒体需要做出何种调适？这是本书进行智能传播环境下新闻生产研究的着眼点。亦即本书研究技术驱动下的新闻生产变革，而连接的视角是本书研究的筋骨。

本章梳理了三种连接关系，这三种连接关系将作为本书考察新闻生产与传播在技术驱动下如何变革的抓手。

（一）网状、液态连接的行动者网络

这一关系模型用于描述和阐释智能传播环境下的新闻业生态。20 世纪 80 年代中期，法国社会学家卡龙（Michel Callon）和拉图尔（Bruno Latour）提出行动者网络理论（Actor-Network Theory，简称 ANT 理论）。这一理论提出行动者能动性观念，认为非人类元素与人类一样，都可以作为行动者。近年来，因算法在内容生产过程中产生不可低估的影响，很多传播学者援引这一理论分析内容产业生态，并将算法作为非人类的行动者之一①。以行动者网络理论做分析，

① 姜红、鲁曼：《重塑“媒介”：行动者网络中的新闻“算法”》，《新闻记者》2017 年第 4 期，第 26—32 页。

传统媒体时期的线性连接关系变成了智能传播环境下的网状连接关系。但是，由于不同行动者之间的身份角色可以互相转换，并不稳定，本书借用英国社会学者鲍曼的液态社会理论的隐喻，也称为液态的连接关系。

如图 2.1 所示，传媒业可以视为连接的行业。以大众传播为主线的传统媒体时期，事实、媒体、受众之间是线性的连

图 2.1 传统传播阶段线性连接关系

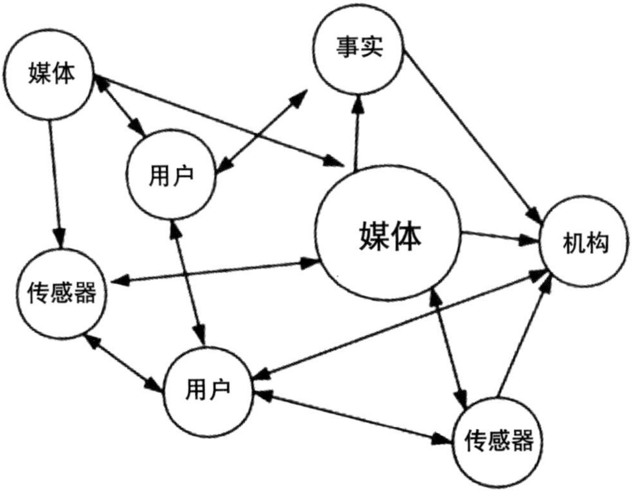

图 2.2 网状、液态连接的行动者网络

接关系，即媒体采集事实，经过加工制作，再传播给受众。这个线性的连接关系之中，媒体具有一定的垄断性和稀缺性。到Web2.0以后，随着社交媒体的快速发展，传媒业的连接关系已经发生变化，平台新闻业崛起，大数据、物联网、云计算、人工智能技术普遍应用之后，传媒业的连接关系转变，如图2.2所示。由于用户、政府、商业机构都开始生产内容，都变身为内容生产行动者。媒体与事实，媒体与用户，用户与事实，用户与用户之间也转变为网状的连接关系。媒体因为具有生产与传播的专业能力，仍然是网状关系之中的重要节点，但是媒体在连接关系之中的垄断性和稀缺性已经大幅度降低。事实不经由媒体亦可抵达用户，用户与用户之间对新闻的传递也更快捷简单。在这个网状关系之中，用户也不再是被动的用户，而是相互连接的，甚至是可以测量关系，计算情感的相对积极的群体。

传感器、机器人等人工智能技术等与媒体连接，接入了行动者网络。彭兰教授对智能化媒体的特征做了总结："在人工智能、物联网、VR/AR等新技术的推动下，媒体将出现智能化趋向。智媒化的特征主要体现为万物皆媒、人机共生、自我进化。[①]"亦即智能传播环境下，万物皆媒，万物互联。从连接的覆盖度方面来看，智能传播环境下的连接关系包括人和人

① 彭兰：《智媒化：未来媒体浪潮——新媒体发展趋势报告(2016)》，《国际新闻界》2016年第11期，第6—24页。

的连接，人和物的连接，物和物的连接三个维度。伴随物联网技术落地并加速进入应用领域，各种感知技术的广泛应用，人和物的连接、物和物的连接也将更为丰富，并由此产生海量数据，网络社会将以数据为内核，大幅度拓展和延伸。因此，在智能传播环境下，MGC（机器生产内容）大量生成，MGC也应该视为内容生产行动者。

（二）部落化的节点型连接关系

这一连接关系模式适用于描述“用户—媒体—平台”这个框架的关系。社交网络上的传播机制分为三层，底层为社会化网络，顶层为散在的用户，中层则为关键传播节点。这些已经形成的传播节点被称为意见领袖，不同的是有些意见领袖是实体社会中的意见领袖，有些意见领袖是网络中的网红或者商业范畴的KOL（Key Opinion Leader，营销学概念，指对购买行为有较大影响力的人）。在新闻生产的行动者网络中，媒体可以视为内容分发平台上的传播节点，和用户之间形成部落化的群体关系。

麦克卢汉在其《媒介即信息》一书中将媒介发展的三个阶段：口语阶段、文字阶段、电子阶段描述为“部落化－脱部落化－再部落化”阶段。“再部落化”的概念形容社交媒体诞生之后的社会形态非常贴切。用户除因为地缘、学缘、业缘，等等各种关系结成不同部落以外，“算法分发下，趣缘为基础的隐性连接构建了亚文化特征的隐性社群”①。平台新闻业中，媒体与用户之间的关系应该是上述部落化的节点型的连接关系。这一连接关系的特性是媒体与用户之间形成了高频互动、可以反复抵达的黏性连接关系，如图 2.3 所示。

作为连接节点的媒体衍生出新的商业模式和新闻生产逻辑。平台新闻业兴起已经是不争的事实。一定意义上说，基于平台型媒体的算法新闻生产范式正在形塑。由于内容分发平台本身与用户并没有深度交互，媒体构成为内容分发平台上的节点和枢纽。有用户关系管理能力和管理理念的媒体与用户之间形成部落化的节点型连接关系。新的用户关系中，用户与媒体往往因相同的价值观、趣缘关系、内容特质相联系，媒体在价值观等方面具有影响力，熟悉用户偏好，能根据每个用户个人化特征提供精准分发，实现新闻生产者与用户之间的沟通、定制、参与、商业服务。

（三）以人为中心的个人门户型连接关系

这是一种从用户获取新闻信息视角考察的连接关系。智能

---

① 喻国明、曾佩佩、张雅丽、周杨:《趣缘:互联网连接的新兴范式——试论算法逻辑下的隐性连接与隐性社群》,《新闻爱好者》2020 年第 1 期，第 9—13 页。

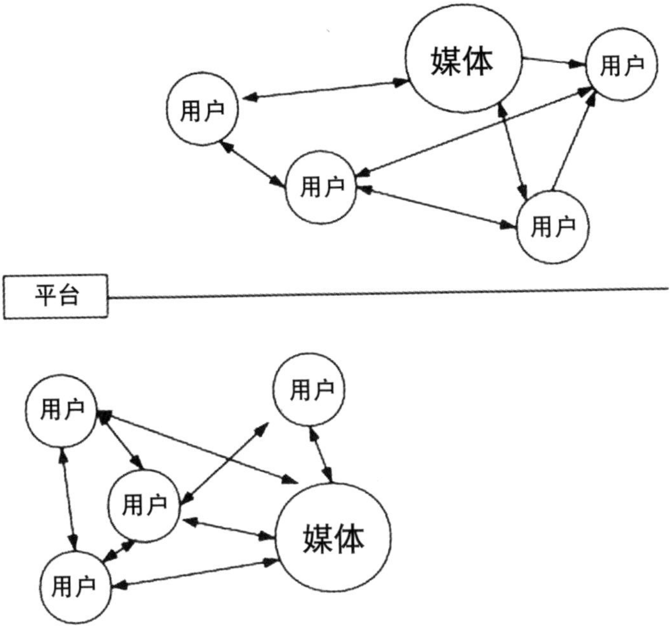

图 2.3 部落化的节点型连接关系

传播环境下的媒介是以人为中心的媒介，“互联网时代下，以‘个人’为基本单位的传播力量被激活，‘个人’成为重构媒介生态的重要力量[①]”。亨利·詹金斯在其关于参与式文化的研究中将数字时代的用户称为生产消费者，学者重新将用户

① 喻国明、张超、李珊、包路冶、张诗诺：《“个人被激活”的时代：互联网逻辑下传播生态的重构—关于“互联网是一种高维媒介”观点的延伸探讨》，《现代传播》2015 年第 5 期，第 1—4 页。

理解为后受众时代的受众，既是阅听者，也是生产者，同时也是用点赞、评论、转发等行为表达意见的评论者。以积极的用户为起点考察新闻传播的关系，就可以发现新的连接关系模型——个人门户型连接关系，即每一个用户都是一个聚合不同平台信息的个人门户，近似于一个可以搜索，也可以依靠推送获取信息的个人信息中心。移动新闻传播中，“人可以携带媒介游走在不同空间里，在身体穿梭于不同的物理场景的同时，人置身于媒介的虚拟场景中。[①]”这一连接关系对于移动场景中的新闻传播具有重要意义。

此外，值得注意的是，于移动网络、虚拟现实、人工智能技术产生重要驱动作用的智能传播环境下“身体”重新被传播学关注，技术的具身性趋势变得突出。从这一意义上来讲，用户不仅仅是生产消费者，还将可能是携带、生产、传播新闻信息的智能主体。在智能传播环境下，“以人为中心的个人门户型连接关系”将日益值得重视。

除上述三种主要连接关系以外，弱连接、反连接、连接的断裂等也经常被用于解释和调适新闻信息的传播。“互联网 +”使人类社会重建了连接关系。智能传播环境下的新闻生产与传播建立在上述新连接关系基础上，这意味着智能新闻业生

① 孙玮:《微信:中国人的“在世存有”》,《学术月刊》2015 年第 12 期，第 5—18 页。

态的重构，新闻生产范式也随之改变。

五、小结

作为本书正文的开篇，本章讨论了本书的议题“智能传播环境下的新闻生产”的相关概念、研究语境、理论视角和框架。本章梳理了人工智能技术在新闻业的发展历程和在新闻业全产业链的应用状况，并对从互联网＋新闻业到AI+新闻业，“媒体—用户”“媒体与其他不同内容生产者”“用户与平台”等框架下的连接关系演进进行了归纳概括。

人工智能对新闻业产生的影响是当前讨论新闻业与技术驱动问题的一个热点领域。在本章的讨论里，我们已经看到人工智能技术给新闻业带来多么激动人心的变化。当然，同时我们也不无担心地意识到，在新的传播图景里，原有的新闻生产规律、媒体的新闻生产观念、新闻生产常规、新闻生产流程……恐怕早已受到了剧烈冲击。在剧烈的冲击面前，媒体已经做了哪些探索，还将必须向哪些方向迈进？是我们后续希望展开的研究。

第二章

基于连接关系的新闻业生态变迁

从“互联网＋新闻业”到“AI+新闻业”，研究者一直对技术驱动下的新闻业创新抱有浓厚的兴趣。特别是近年来新闻业在经济、技术、渠道、公信力等各个方面遇到挑战，在传统新闻业危机语境下来研究这个问题就颇为重要。技术驱动下的新闻业生态、组织、生产常规、传播方式等角度是本书关注的重点，而新闻业生态因为具有系统性影响，开启了很多涉及面很广的问题，对其观照探究须放在本书之先。

本章基于连接关系对于新闻业生态做了历时性研究，即关注技术演进之下新闻业生态的变迁。技术演进带来连接关系的演进，而连接关系的演进与新闻业生态系统的关联对于理解新的新闻业的结构、行动者、观念与规律、发展趋势都有重要价值。

一、连接关系、新闻生产传播模式与新闻业生态

连接关系演进重构了新闻业生态。在这一部分，我们先对

本章相关概念做个界定，并从新闻生产传播过程观察新闻业生态的变迁。

传统新闻业在商业模式、生产常规、文本形态、与受众关系等多个方面遭受全方位的困难，研究者和实践者均以“危机”话语来描述这一现状，并且认为仅从某一方面或某一要素来思考行业生存问题是远远不够的，必须从更宏观的生态系统全面检视遭遇的危机。

关于媒介生态的研究始于加拿大传播学者麦克卢汉，他在《媒介即讯息：效果一览》一书中提出“媒介生态”的概念，波兹曼进一步做了阐释，并将媒介生态学定义为“媒介作为环境的研究”。林文刚将媒介生态学译为媒介环境学，他认为媒介生态的研究“重点是传播媒介的结构冲击和形式影响”，“媒介形式的相互关系、媒介形式与社会力量的关系以及这些关系在社会、经济、政治方面的表现”[①]。而在近年来的媒介生态学研究中，来自“加拿大、美国越来越多的学者开始突破‘环境’这一藩篱，‘作为物种的媒介’这一维度得到彰显”[②]。杜骏飞认为技术、媒介与社会三个元素是传

① 林文刚：《媒介环境学——思想沿革与多维视野》，何道宽译，北京大学出版社2007年版，第3页。

② 高存玲：《作为物种的媒介：Media Ecology被湮没的一个维度》，《新闻界》2018年第5期，第55—66页。

统的媒介生态学学术观念中的重要考察，而从媒介文化生态系统来看，应是六个核心要素——媒体、市场、资本、技术、政策和社会传统[①]。

上述媒介生态学的研究传统经常被作为研究媒介生态的框架，在近年来对新闻业生态系统的研究考察中，往往将新闻业生态系统的结构、行动者、行动者相互关系作为重点。在媒体、市场、资本、技术、政策和社会传统的作用下，新闻业生态系统的结构、行动者、行动者相互关系发生了颠覆性变化。张志安在其一系列关于新闻业生态重构的论文中，重点关注“数字新闻业发生了怎样的变化，新的新闻生态系统具有哪些特征[②]”，新闻业生态系统中的行动者是其重点研究议题。本章研究技术改变连接关系，连接关系驱动新闻业生态迭代，亦从新闻业生态系统的结构、行动者、行动者关系的维度入手，以期探讨智能传播环境下新闻业生态的特征和发展趋势。

如何观察新闻业生态？本书以新闻生产与传播的过程为观测点。很多学者对新闻生产与传播的过程做了概括，并抽

---

① 杜骏飞：《“瓦釜效应”：一个关于媒介生态的假说》，《现代传播》2018年第10期，第31—36页。

② 张志安：《数字新闻业研究：生态、路径、范式》，《新闻与传播研究》2018年增刊，第90—92页。

象出几个著名的传播模式，例如拉斯韦尔模式、香农—韦弗模式、奥斯古德—施拉姆的循环模式、德弗勒的互动传播模式、贝罗的 SMCR 模式。这些传播模式各有特点，但是考虑到适合新闻业，并且作为研究新闻业生态的观察框架不宜太复杂，本书选取了拉斯韦尔模式，并参照贝罗的 SMCR 模式。拉斯韦尔的“5W”模式 1948 年发表在《传播在社会中的结构与功能》中，首次提出了构成传播过程的五种基本要素，并且非常简单明了地描述了传播过程：谁 *Who* →说什么 *Says What* →通过什么渠道 *In Which Channel* →对谁 *To whom* →取得什么效果 *With what effects*。贝罗模式也叫 SMCR，S 代表信息源 source，M 代表信息 message，C 代表通道 channel，R 代表接受者 receiver。贝罗认为传播效果由上述四个要素的关系决定，这一模式强调了影响信息源、接受者和信息实现其传播功能的因素。综合上述两个模式的优缺点，本书拟从下述几个要素抽象新闻传播过程，并以此观察新闻业生态变迁。如图 3.1 所示，本部分考察信源、生产者、叙事、传播、用户五个要素如何受到技术等因素的冲击，并因而重构新闻业生态。这个图讲述的是书写一个新闻故事

图 3.1 新闻生产传播模式简图

并传播出去的过程，包括这样几个环节：(1) 信源：故事怎么来的？(2) 谁来写？新闻生产主体是谁？(3) 写成什么样的？如何叙事？(4) 如何传播？(5) 写给谁看？即用户是谁？他们在哪里？他们如何反馈？

二、一元化时期的新闻业生态（1949—1995）

本书将 1949 年至今的新闻业分为五个阶段。第一阶段为 1949 年至 1995 年，时间起止点的标志是 1949 年新中国成立和 1995 年《华西都市报》创刊。内容生产者一元化是这个阶段的特点，党报、广播电视主流频道等是这一阶段唯一的内容生产者。

如图 3.1 所示，这一阶段的连接关系是线性的连接关系。媒体采集事实，写成新闻，传递给受众。信源、生产者、叙事、传播、用户等五个要素显示了这一阶段的新闻生产方式和新闻业生态。这一阶段以党报为传媒业主体，按照中央关于全国省市县乡四级党委办党报的建制，各省健全了党报体制，并且按领域办了妇女报、法制报、健康报等。1978 年，财政部批转《人民日报》等首都几家报社要求试行企业化管理的报告，明确报社事业单位企业化管理的办报方向。此后传媒业进入缓慢改革期。

这一阶段的新闻生产常规有很鲜明的计划经济时期的特

点。媒体是唯一的生产者，并且媒体以党报为主体，其他各类行业报因循了党报的办报模式。信源，作为媒体共同的采访资源，由编辑部统筹安排，形成了通讯员制和采访跑口制。由于这一时期媒体数量不多,相对于信源,报纸版面、广播电视的时长是稀缺资源，因而掌握信源的单位对媒体非常配合。媒体经常性采访的行政机关、企事业单位的宣传部门都将工作人员设置为媒体的通讯员，一些单位对通讯员的发表数量还有考核制度。通讯员制的优势是能保证有稳定的新闻线索，但是通讯员提供的稿件和线索有时出于单位利益,带有宣传腔。除了通讯员供稿,按照行业条线,编辑部安排记者跑口，即和条线上的单位建立长期稳定的联系，例如某报交通部的跑口记者，就要和交通部有稳定联系，参加新闻发布会，自主选题采访。跑口制的优势有两个，一是确保条线不遗漏新闻；二是记者术业有专攻，可以慢慢成长为专家型记者。“叙事”要素，主要用于考察媒体报道的主体样态，这一阶段的新闻报道应当这样评价：从 1949 年新闻业初建到 1995 年，新闻业基本形成了用于快速报道、深度解析、评论、杂谈的一系列文体。典型报道、工作报道在这一时期属于重大报道经常采用的报道形态。传播和受众两个要素在这一时期，不是整个新闻生产过程中的重点环节，报纸发行采用邮政发行，但是由于报纸提供的主要是工作时间阅读的内容，主要是单位订阅，个人订阅不多，没有零售。因而受众面不宽，很多人接触不到报纸或者很少阅读报纸。广播电视也还覆盖不到边远山村，边远地区的受众看不到好节目。

整体而言，这一阶段是内容供给不足的短缺时代。媒体与受众的关系是以传播者为主导的单向的传受关系。

三、二元化时期的新闻业生态（1995—2014）

2014 年是个有标志意义的年份。这一年被称为“媒体融合元年”，中央全面深化改革领导小组第四次会议审议通过了《关于推动传统媒体和新兴媒体融合发展的指导意见》。习近平总书记强调，传统媒体和新兴媒体要优势互补、一体发展。媒体融合上升为国家战略。这一年，也被誉为“中国创业元年”，相关部门出台了的一系列政策，将创业提升到前所未有的高度，鼓励扶持多种创业形态。2014 年内容创业兴起，图文自媒体进入爆发期。就新闻生产层面而言，新媒体与传统媒体在 2014 年来到同一界面。2014 年之前需要花开两朵各表一枝。因而，第二阶段，1995—2014 年为传统媒体的二元化时期，党报等主流媒体与市场化运作的媒体共同发展的时期。

从连接关系来看，这一阶段仍然是线性连接关系，但是从以内容生产者为主导的线性连接关系开始转向重视受众需求的线性连接关系。

（一）生产者

如同媒介生态学派所主张的，媒介的进化会带来社会的进步，影响环境和社会的是媒介，而不是媒介的内容。在这一阶段，图 3.1 的 5 个要素中，进步最大的是媒体，媒体改革带动了其他几个要素的变化。

这一阶段是媒体集团化运作的时期。报社开始以一报为主，通过办子报、子刊，壮大规模，再挂牌组建为报业集团。1995 年，四川日报报业集团主管主办《华西都市报》创刊，被称为中国第一张都市报，因全面系统地创立了报纸市场化的运作理念和全新的竞争策略，开启了中国报业的“都市报时代”。1996 年 1 月，全国首家报业集团广州日报报业集团成立。最令人瞩目的是这一阶段媒体开始机制体制创新，从新闻生产、经营等全面突破，践行“经济效益和社会效益两手抓两手都要硬”，社会资本也进入媒体经营领域。与报业同时，广播电视也增加频率、栏目，进行改革，以广告换经费。机制体制创新推动了新闻生产的创新，中央电视台评论部成立，《东方时空》《焦点访谈》《新闻调查》等一批优秀节目脱颖而出。

这一阶段最具亮点的是媒体不断探索经营机制，这成为新闻生产创新的巨大推动力。媒体开展多元经营，扩大经营范围，从增量上改革，增加经营性收入。党报集团的扩张为其带来了巨大利润。因而这一阶段，党报的机制体制创新较多集中在子报子刊，对经营管理体制、人事制度、财务制度等进行了一系列改革。集团化的运作使得这一阶段媒体受众覆盖面扩大，影响力增强，进入了“党报管导向，子报面向多元受众”的多元传播格局。以南方报业集团为例，南方日报提出“高度决定影响力”，旗下子报子刊则在受众细分市场差异化定位，形成了以普通都市市民为受众群体的《南方都市报》系列，以投资人群为主要受众群体的《21 世纪经济报道》系列，以精英白领人群为主要受众群体的《南方周末》系列。

这一阶段的一个重要变化是社会资本进入，传媒业机制体制创新，媒体数量激增，传媒业从媒体版面、时长等资源稀缺转变为受众注意力稀缺。媒体进入了被受众选择的时期。

（二）信源

激烈的媒体竞争推动媒体变革新闻生产与传播的方式，提升新闻质量。信源的拓展成为媒体开源之策。争夺独家消息源、及时获得消息源、获得权威消息源、获得更广泛消息源……成为媒体的目标。为此，媒体开拓了很多渠道。这一阶段，通讯员制仍然存在，但是影响力下滑。媒体建立热线部门，尝试付费采访制、线人制等。

热线部门的成立是媒体富有创新性的战略性尝试。以都市报的热线部为例，与党报等运作模式不同，几十个版面的都市报是厚报模式，刊登市民喜闻乐见的新闻，原来的通讯员制度难以提供这么多版面的鲜活新闻，因而都市报采用两个策略拓展新闻线索，一是大量招聘记者，坚持跑口制度同时突破跑口制度，记者需要机动采访和挖掘很多各单位宣传部门提供不了或者不愿意提供的新闻。二是成立新闻热线部门，依靠市民拨打热线电话、MSN 等社交工具爆料、微博爆料等获取更广泛的市民生活中的新闻。热线部门的成立不仅扩展了信源，同时也使得都市报的新闻更具有贴近性，更为市民喜爱。

（三）叙事

新闻业务改革是这一阶段的重点、以会议报道为主体、领导人讲话为主线的“宣传腔”开始令非工作时间阅听的受众感到面目可憎。多元化传播框架下，受众市场细分，平民视角的新闻叙事成为媒体新闻业务创新的目标。

第一，平民话语体系建构。这一阶段主流媒体提出了“贴近受众”的口号，但是平民话语体系的新闻创新主要来自市场化媒体。新闻信息选择、新闻报道风格、版式设计、主持人风格等全方位的创新都围绕平民视角。在新闻信息选择方面，一些媒体提出不要天天报道领导人，头条要选择本报角度。例如“杭州的第一朵荷花开了”这样一个每年都会出现的事件在杭州都市快报年年都上头版头条，因为市民非常喜欢。此外，一些媒体选择双头版、假头条的策略来突出平民兴趣的新闻，把领导人报道放在重要但是不是视觉中心的位置。在报道风格方面，这一时期的媒体更强调贴近性，倡议媒体使用平民话语风格，摒弃宣传腔儿，去掉宣传味道。例如《南京零距离》等民生电视节目选择了平民风格的主持人，使用较多的自然镜头。北京交通广播的《一路畅听》栏目主持人话语亲和，采取陪伴式闲聊式风格，为堵车在路上的司机喜爱。一些报纸则直接要求记者编辑做有温度的新闻、做好看的新闻，体现出亲近受众的新闻理念。

第二，文体创新。为摒弃一元化时期面目可憎千篇一律的新闻文风，媒体尝试更多探索。在一些媒体，减少了典型报道、工作通信等主题先行的文体数量，代之以深度报道、特稿。深度报道注重对政策、时局的解读，特稿注重讲述一个没有宏大主题的故事，文体的侧重表明了媒体编辑部已经更注重贴近受众。在电视台，为增加和受众的亲近感，增加节目新鲜感和收视率，经常举办节目形态创新大赛，鼓励社会各界参加，拓展好节目、好创意。在一些广播频率，增加了很多互动型的节目，鼓励听众随时打进热线电话，参与节目。

（四）传播

媒体受众意识的觉醒带来的是其全产业链的创新，在传播环节，发行策略的精细化是这一时期的探索。

首先，自办发行。由于邮政发行经常效率较低，而用户对发行时间、发行质量的要求已经越来越高，例如早报要求早餐时间看到，晚报希望晚餐时间看到，一些媒体采取自办发行的方法提高新闻传播效率。自办发行是报刊不经邮局而由报社组织发行网送到订户手中。20 世纪 90 年代省地市党报采用自办发行方法的已达数百家，自办发行的各报社还成立了全国性组织“全国报纸自办发行联合会”。自办发行不仅提高了报纸抵达用户的时间和质量，而且使得发行真正成为新闻生产的“最后一公里”，来自受众的反馈增加。在零售环节，不喜欢的报纸期刊会被以脚投票，而做得好的时候仅一期杂志的封面报道或者一期报纸的头版头条就洛阳纸贵，当期报纸期刊被抢购一空。在订阅环节，发行部门自办队伍经常门对门对报纸质量进行用户调查，发行部门负责人经常列席编辑部会议。

其次，有效发行。随着媒体经营精细化，一些媒体提出有效发行概念。报纸的发行是亏损的，只有能够扩大报纸的市场占有率、阅读率和影响力以及带来广告回报，才是有效发行。例如，有一个被业界奉为经典的案例，《北京晚报》曾经在发行量居北京都市报之首的时候令人费解地宣布自降发行量，事实是通过这一举措改善读者结构，降低读者年龄，减少老年读者，以获取广告主更多广告。最终是发行量降下来了，广告份额却上去了。

（五）受众

媒体从以自身为中心主导新闻生产转向贴近受众服务受众

的新闻生产无疑建立了媒体与受众这一阶段的良好互动关系。受众较上一阶段更为积极，受众会拨打热线电话爆料，也会定期参加媒体组织的读者活动，参加读者俱乐部、听友俱乐部，一些媒体还直接开展媒体购物活动，以获取更高利润。报摊上以零售量表明态度的受众。

综上所述，二元化时期的新闻业生态，实际上是主流媒体与市场化媒体共同发展的多元传播格局。这一时期市场格局多变，竞争激烈，媒体主动革新，改变了媒体与受众、媒体与信源的互动关系。

值得一提的是，2000 年以后，随着门户网站影响力增强，媒体也尝试发展新媒体，绝大多数媒体建立了自己的网站。人民网、新华网、央视网等主流媒体网站与新浪网、搜狐网、腾讯网形成了互联网上的二元化发展、多元传播格局。2008 年以后，一些媒体开始自发地媒体融合转型，2010 年社交媒体崛起之后，媒体自发地向社交媒体分发内容。媒体的自发创新主要有这样几个方面：第一，报网互动。传统媒体和自己所属的新闻网站共享资源、协同报道。第二，流程再造。以烟台日报为代表的一批媒体尝试改造采编流程，跨媒体报道。第三，跨媒体分发。除了原来渠道以外，传统媒体内容向网站、微博、微信等数字媒体终端分发。上述媒体融合发展态势在 2014 年之后进入国家层面的顶层设计，进入全面提速时期。

四、Web 1.0时期的数字新闻业生态（1998–2008）

与传统媒体二元化时期的同一时间，新媒体在另一个界面快速发展。尽管新媒体与传统媒体之间既有竞争，又有合作，但是 1998–2009 年这一以门户网站为主体的数字新闻业的第一阶段，对于传统媒体来说，讨论更多的问题是新媒体冲击。新媒体在这一阶段则初步形成了自己的新闻生产常规。

这一阶段的起止时间标志是 1998 年腾讯、新浪成立，至此新浪、搜狐、腾讯、网易四大门户网站均宣告成立，中国迎来了第一次互联网内容生产浪潮。2009 年是 web2.0 时期值得纪念的年份——新浪微博成立，互联网内容生产进入新的阶段——UGC 内容（User Generated Content，用户生成内容）登场。UGC 是一种用户使用互联网的新方式，由原来的以下载为主变成下载和上传并重，在互联网时代，用户能够更容易、更便捷地接触到网络媒体，其内容生产能力被释放出来[①]。

Web1.0 时期，互联网的形态是大众门户为主体的时期。

① 胡泳、张月朦：《互联网内容走向何方？——从 UGC、PGC 到业余的专业化》，《新闻记者》2016 年第 8 期，第 21—25 页。

门户是互联网实践中的常用术语，专指集成了多样化内容服务的 Web 站点。“由于门户占据了互联网服务的关键位置，也是最早通过广告和增值业务等构建出可持续增长的商业模式，所以门户成为中国互联网创业和发展的主导性思维模式。”[①]一定意义上说，门户思维是一个大而全的集成式思维，这一阶段的连接方式仍然是线性的连接方式，但是生产者和传播渠道出现了变化。一定意义上说，门户网站聚合了职业生产内容，开创了网络新闻的形态。

（一）生产者：门户网站聚合模式

这一阶段的内容生产者以门户网站为主体，虽然还有各类其他网站也登载新闻，但是不生产原创新闻，对新闻亦没有再加工。新浪、搜狐、网易、腾讯等四大门户网站没有新闻采编资质，但是与媒体有合作协议，转发新闻媒体的报道，对媒体新闻报道有推荐、聚合、整合等再加工方式，能够改变新闻报道原有的传播效果，应该视为这一阶段的新闻生产行动者。此外，主流媒体在这一阶段建立

① 方兴东、钟祥铭：《中国门户网站之发展历程、规律和启示——反思门户思维对中国互联网和传统媒体转型的内在影响》，《新闻与写作》2019 年第 2 期，第 5—10 页。

了自己的媒体网站，例如人民网、新华网、央视网；各级政府支持建设了国家新闻网站、地方新闻网站，例如中国网、东方网等。这些网站从最初的传统媒体内容搬运到报网互动、台网互动再到聚合更多媒体内容，也是这一阶段的新闻生产行动者。

（二）信源：与传统媒体合作

门户网站以转载和二次加工新闻为主，直接采访不多，信源主要是依靠与传统媒体的合作，例如新浪、搜狐的媒体合作部与全国大多数媒体签署了转载协议。不过，当时媒体对门户网站的转载协议有很多怨言，认为门户网站以极低的价格甚至免费获得了传统媒体花费人力和成本去采访的新闻报道，并不合理，一些传统媒体还曾经为此组建联盟，集体抗争不公平协议，拒绝被转载。但是由于网站在对于新闻传播效果的巨大影响力，联盟最终宣告解体。门户网站创造了聚合职业媒体内容，内容免费，依托互联网广告和增值服务盈利的模式。

（三）叙事：“网络新闻超市”

门户网站做新闻的主要特点是“新闻超市”和实时报道。“新闻超市”即借助互联网能承载海量内容的优势，聚合传统媒体的内容。实时报道则做强网络媒介的时效性。例如，2001年美国遭遇9·11恐怖袭击，全世界重要主持人都迅速坐进了直播间，新浪网反应速度优先于传统媒体，发短讯，上首页，弄网络新闻专题，门户新闻领跑。2008年奥运会报道，门户网站的表现达到巅峰状态，腾讯签约了大量运动员的网络连线，报道速度快、内容独家，传播实时。

门户网站创造了很多网络新闻的独有形态。网络新闻专题是以网络为平台，运用各种媒体手段对特定的主题或事件进行组合或连续报道的形式。网络新闻专题被视为网站深度报道形式，新闻报道在这里打破了时间和空间界限，聚合了同一事件各种媒体各种形态的报道，既有新闻事实的最新报道，亦有最新事实的意见，同时依据网站的新闻价值判断，做了新闻的筛选推荐，影响力空前。网络访谈也是互联网报道的重要形式。网络访谈易于和网站用户建立接近感、交互感。用户借由互联网中介实现与公众人物的实时对话，非常喜爱这一报道形态。人民网的《胡锦涛总书记同人民网强国论坛网友在线交流》、新华网的《温家宝总理与网民在线交流》分别获得第十九届、第二十届中国新闻奖网络访谈类一等奖。

（四）传播：网络传播优势乍现

“传播力首先是由信息技术的先进性和效率决定的。新兴技术的应用使媒介不断出现新的传播力，一个比一个有更为复杂、技术参数和传播效率更高。”[①]与传统媒体相比，网络传播的信息量、速度、覆盖率都大幅跃升。一定意义上说，网络新闻的影响力、传播效果大大冲击了传统媒体。“内容为王”还是“渠道为王”一时间成为业界实践中争议的话题。网络传播力最终转化为舆论的引导力，这一时期网络媒体的议题设置效果也倍受关注。如中国共产党建党 90 周年之际，全国各大网络媒体先后开展了纪念建党 90 周年的宣传报道工作，产生了良好的社会效果。这一阶段网站的传播效果主要依托于门户网站作为服务入口产生的巨大流量。

（五）用户 1.0

随着门户网站登场，“受众”逐渐转向“用户”。“‘用户’作为由经济学科门下消费学所舶来的概念被用于传播学中，突出强调当下传统受传边界被打破，不同于被动接受信息的受众，用户既是传播接受者也是信息发布者，掌握主动话语权”。[②]当然这一阶段的用户互动性不高，互动手段简单，还

---

① 刘建明：《解析媒体传播力》，中国社会科学网 2014 年 2 月 11 日，网址：http://www.cssn.cn/xwcbx/xwcbx_cbx/201402/t20140211_961309.shtml。

② 杨光宗、刘钰婧：《从“受众”到“用户”：历史、现实与未来》，《现代传播》2017 年第 7 期，第 31—35 页。

是网友跟帖、点赞形式，没有大规模的用户生产内容生成，本书称之为用户 1.0 时代。但是用户 1.0 时代的影响力也是惊人的，网易提出“无跟帖不新闻”的口号以阐明对网友评论的重视，其 2008 年的年终策划“无跟帖不新闻”有 19667 名网友跟帖。

五、Web 2.0 时期的新闻业生态（2009—2014）

2009 年以后中国互联网进入 Web2.0 时代。Web2.0 时代是以博客、微博、微信等为代表的社交媒体时代。用户在这一时期真正成为积极的用户，“用户的主动性和潜力得到充分释放。社交媒体中，用户成为信息流动的主推动力，赋予其个体作为信息及信息产品的使用者、消费者的角色意义”。[①] 从内容生产迭代的角度来说，Web1.0 时期门户网站作为网络服务入口聚合了职业媒体生产的内容，Web2.0 时期则是社交媒体作为网络服务入口聚合了用户生产的内容。事实上，Web2.0 时期至今没有结束，互联网技术并没有进入 Web3.0 时期。本书以 2014 年为界，将 2015 年以后划分到下一个阶段，

① 谢珺：《社交媒体时代用户与大众媒体时代受众之比较研究——基于近 20 年国内传播学媒介受众研究变迁的知识图谱分析》，《新闻战线》2019 年 2 月（下），第 34—38 页。

是因为2015年以后可以称为平台新闻业。但是，时间并不是一个泾渭分明的分割点，这一阶段的新闻生产与传播方式与下一阶段有很多相同之处，并且在下一阶段更为完善，因而本部分的讨论尽量简洁，集中在下一阶段做全面论述。

由于社交媒体的出现，Web 2.0时期的连接关系已经不再是线性的连接关系，已经由线性连接关系转变为上一章所述的网状连接关系。这一时期媒体新闻生产的边界被大幅度突破，学界和业界均认为新闻业生态已经重构。

（一）信源：人人都有麦克风

进入社交媒体时期，媒体线性的新闻生产方式完全被打破。媒体在一个实时传播、液态的环境下获得新闻事实，并且不得不随时处于备战状态。一个可以描述出来的经常真实存在的场景是：正在开新闻发布会的记者还没有走出现场，就发现新闻发布会的一些新闻片段已经出现在微博上，他还没等回到报社已经没有独家新闻了。新闻事实的目击者、当事人、其他媒体同行……都随时可以成为新闻事实的发布者。这一阶段，媒体既可能因为社交媒体上用户生产内容获得新闻线索，也可能因为社交媒体上用户生产内容而受到冲击。由于用户生产内容具有不确定性和不稳定性，在这一个全民织围脖儿（写微博）的时期，媒体发布了社交媒体信源必须核查的要求，而一些涉密行业要求现场参加者不能发微博。

（二）生产者：UGC 崛起

这一阶段，作为入口的社交媒体聚合了媒体的内容和用户生产的内容，内容生产者主体分为媒体和用户两部分。首先，媒体。媒体微博进驻社交媒体，媒体从门户网站时期的被转载者进化成面向社交媒体分发的内容生产者。媒体对其生产内容有了自主权。其次，用户。和职业媒体相比，用户作为内容生产者，有很多不同。用户随机性生产内容，时间不稳定，风格不稳定，定位不稳定，质量良莠不齐，真实性不确定。不过，研究者对于作为内容生产者的用户的影响给予了肯定。“虽然每个网民只提供了一些零散的碎片，但是当那些关键的碎片拼贴在一起，当它们与专业媒体所提供的图景组合在一起时，最终呈现出来的景象，会比专业媒体所描绘的景象，更为丰富、立体、真实”①。

（三）叙事：与 UGC 交织的实时生产

社交媒体驱动下，用户内容生产能力被释放，媒体新闻生

① 彭兰：《社会化媒体：理论与实践解析》，中国人民大学出版社 2015 年版，第 35 页。

产进入了与大量用户内容共生的时期。在数字新闻业，媒体的新闻生产有如下变化：

首先，微叙事诞生。媒体入驻社交媒体平台之后，为适应社交媒体简短快捷的发布要求，探索了一整套微博微信的新闻生产运营方式。人民日报 2012 年入驻新浪微博，短短几个月就增长了大量粉丝。在微生产过程中，美国依靠社交媒体用户转发做强的 Buzz Feed 的实践经常被媒体借鉴。“Buzz Feed 的‘Hive’项目，追踪信息在社交平台上的传播路径，分析大量实时数据，并根据内容对使用者的吸引程度而及时改变传播方案[①]”。依靠运营数据进行社交媒体平台的新闻生产模式被各媒体所重视。

其次，从定时生产走向实时生产。传统媒体时期的新闻生产方式是定时生产，报纸、期刊定期出版，广播电视虽然是 24 小时媒介，但是节目定时与受众见面，定时制作，定时播出。在这一阶段，社交媒体的实时传播倒逼媒体进入实时生产阶段。用户随手上传碎片化的新闻现场片段，随时对新闻发展态势做出评价，这使得媒体必须实时跟进社交媒体热点，以实现权威新闻发布和舆论引导。媒体进入实时生产阶段，就意味着媒体必须进行机制体制改革，进行流程再造，这向当

① 王辰瑶、范英杰：《打破新闻：从颠覆式创新理论看 Buzz Feed 的颠覆性》，《现代传播》2016 年第 12 期，第 35—39 页。

时谋求转型的传统媒体提出了挑战。

最后，全民“直播”环境下的协同生产。因为用户生产内容在社交媒体平台的实时发布，社交媒体平台上实则形成了全民围观。以上海静安区大火事件的报道为例，2010 年 11 月 15 日 14 时，上海一栋高层公寓起火。腾讯网第一时间开设了该事件的直播窗口。可以看到，在这一事件的直播过程中，直播信息流是媒体与用户一共发布的新闻信息，新民晚报的记者在现场报道，报道随时发到直播信息中，用户随手拍的图片、视频或文字也随时发布在直播间，还有大量围观的不同用户对事件的评价，整个直播间呈现的信息流是“网友爆料—媒体报道—网友评论—媒体报道—网友发布现场照片”。2012 年温州动车事故中这种协同生产达到了巅峰，不同的是直播协同现场换成了新浪微博。

（四）传播：社交媒体传播

社交媒体完全颠覆了以往任何一个阶段的新闻传播方式，然而，社交媒体逐渐成为用户获取信息的主要渠道，一定意义上说，新闻生产与传播在这一阶段实现了分离——社交媒体成为新闻分发平台，即社交媒体成为新闻过程中的新的行动者。Web1.0 时期的门户网站是通过转载媒体内容分发新闻，扩大了新闻传播效果。社交媒体时期，媒体入驻社交媒体，媒体自主向社交媒体分发内容，甚至为了获得社交媒体上的良好传播效果，不得不适应社交媒体的规律改变生产模式。在这一传播模式中，媒体角色已经成为平台上的内容生产者——媒体成为社交媒体上的节点。分发在社交媒体平台的新闻的传播特点为：实时传播、高频互动、事实与意见混杂交替传播、用户实时反馈。这一阶段，在新闻生产传播过程中，传播环节的作用远大于此前任何一个时期。数字新闻业对传统新闻业的冲击也远大于此前任何一个时期。

（五）用户 2.0

在社交媒体时期，互联网技术能够帮助用户在线完成多种任务，用户转变为多重角色的用户——这一阶段的用户进入用户 2.0 时代。国外学者用“产用者”（produsage）与“生产消费者”（proconsumer）来定义用户生产与消费角色的融合。Livingstone（2013）①认为用户的角色已经成为多种角色合在一起的“角色从”。这个概念有效区分了 UGC 和 UGD，即认为并非所有的用户都生产内容。但是，无论是 UGC 还是 UGD，在社交媒体阶段的使用行为都是多重角色。他们在社交媒体上的行为包括书写、评论、点赞、转发、订阅、标签、

---

① Livingstone,S.:The participation paradigm in audience research. The Communication Review, (16):21-30, 2013.

点击、搜索、阅读、互相联络……如果按照新闻生产传播的过程将这些行为分类，用户同时是内容生产者、受众，传播者、评价者等融合角色的人。

毋庸置疑，这一阶段数字新闻业已经发展为一个新的生态系统。在新的生态系统中，行动者之间的关系已经发生实质性变化。用户是这一阶段变化最大的群体。一定意义上说，变化的用户正在与其他行动者生产新的互动关系，新闻业生态系统形成新的结构。

六、智能传播初期的新闻业生态（2015至今）

2014年是特别的一年，在这一年传统媒体和新媒体来到了同一界面上。在前面几个阶段，尽管新媒体和传统媒体有合作，有互动，但是总体上是在各自的轨道上行进。2014年以后两者进入同一个生态系统。

2014年8月18日，中央全面深化改革领导小组第四次会议审议通过了《关于推动传统媒体和新兴媒体融合发展的指导意见》（以下简称《指导意见》）。习近平强调："推动传统媒体和新兴媒体融合发展，要遵循新闻传播规律和新兴媒体发展规律，强化互联网思维，坚持传统媒体和新兴媒体优势互补、一体发展，坚持先进技术为支撑、内容建设为根本，推动传统媒体和新兴媒体在内容、渠道、平台、经营、管理等方面的深度融合，着力打造一批形态多样、手段先进、具有竞争力的新型主流媒体，建成几家拥有强大实力和传播力、公信力、影响力的新型媒体集团，形成立体多样、融合发展的现代传播体系。”①《指导意见》的颁布意味着媒体融合上升为国策。《指导意见》中提出打造新型主流媒体，建设现代传播体系，事实上是从新闻生产的供给侧出发，以数字化转型后的传统媒体为主体，重构新闻业生态格局。此后，传统媒体进入媒体融合加速期，内容生产能力面向互联网端转移。

2014 年，互联网技术再次迭代，采用智能推荐算法的内容分发平台崛起。对优质内容的渴求，内容分发平台搅动了内容创业浪潮。今日头条、微博、微信、搜狐、百度等一批平台开放自媒体创作，各类别内容的自媒体井喷式发展，暴走漫画等自媒体获得风投资本融资，一批传统媒体人离职自媒体创业。

2014 年以后传统媒体在实践过程中提出媒体融合就是传统媒体的互联网化，逐渐面向新媒体进行新闻的生产和传播，一部分有实力的媒体转型成主流平台型媒体。而移动内容产业平台化之后，平台型媒体渴求内容，延揽了自媒体、传统

---

① 人民网：《习近平：推动传统媒体和新兴媒体融合发展》，人民网传媒频道 2014 年 8 月 18 日，网址：http://media.people.com.cn/n/2014/0818/c120837-25489622.html。

媒体的数字账号、政务新媒体、商业机构新媒体。强调效率、渠道与内容分离、类型多元的内容生态慢慢形成。2015 年，今日头条向全国传媒业讲述了其采用个性化推荐的智能算法。同年，新华社自动化写作机器人小新、腾讯财经自动化写作机器人 Dreamwriter 开始工作。2015 年至今的新闻业可以称为智能传播初期阶段。在上一章我们已经阐述过智能传播的未来图景，展望过新的新闻业生态的基本特征。这一章我们从新闻传播过程的角度观察新的新闻业生态系统的结构、行动者、行动者之间的互动关系。

从连接关系来看，这一阶段的新闻业生态可以视为网状、液态的行动者网络，智能分发平台和 PGC（专业生产内容）是这一阶段的新物种。如图 3.2 所示。

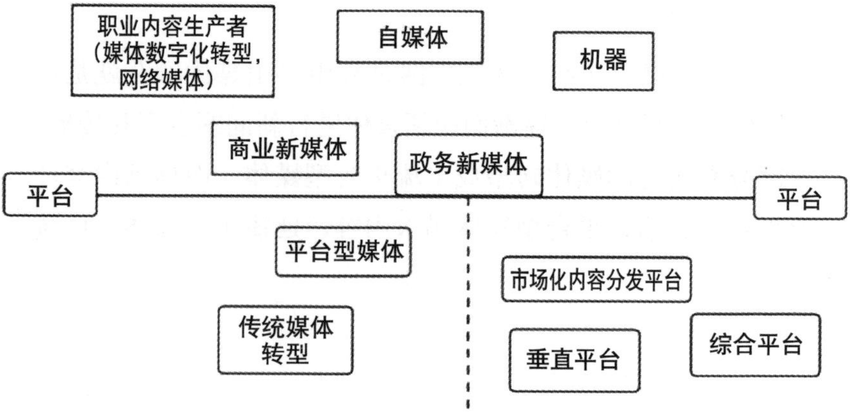

图 3.2 智能传播阶段的新闻业生态

（一）传播者：平台

这一阶段的新闻业被称为平台新闻业。各类内容分发平台是这一阶段的是生态系统的新物种，也是关键性的行动者。

回顾数字新闻业的三个阶段的迭代，技术演进是最重要的动力因素。Web1.0 时期的门户网站聚合了职业媒体生产的内容，Web2.0 阶段的社交媒体聚合了用户生产内容，智能传播初期的平台型媒体则聚合了 PGC（专业生产内容）。平台型媒体聚合的内容海量，为了传播更有效率，采用了智能推荐算法。就传播效果而言，内容分发平台的出现是个革命性创新。算法推荐的效率比传统的人工编辑推荐高很多，提升了内容的流转效率，可以更快地将海量内容分发到每个用户，并且可以根据用户画像做到千人千面。基于用户数据的智能分发实现了精准分发，为这一阶段的传播赋能。

随着媒介内容产品迭代，用户市场细分，平台逐渐多元化。综合性资讯平台有字节跳动的今日头条、腾讯的天天快报；主流媒体新闻平台有人民日报客户端、新华社客户端、长江云等；短视频平台与抖音、快手等；移动直播平台有花椒、YY 等。这些平台采用不同的智能推荐算法分发内容，同时也采用人工智能技术核查信息，聚集了大量的用户。一定意义上说，这一阶段传统传播渠道“失灵”，内容分发平台成为用户获取各类内容（包括新闻）的主要渠道。

（二）多元内容生产者

PGC（Professional Generated Content，专业生产内容）兴起是这一阶段的盛景。UGC(用户生产内容)质量参差不齐，对于内容分发平台而言是底部内容。而内容分发平台要成为稳定高品质内容平台，需要头部内容和腰部内容支撑。因而各平台纷纷出台激励计划，鼓励优质内容生产者入场创作：例如百度百家采取流量、广告分成的方式，今日头条则采取“重金补贴＋大数据分发＋自媒体孵化器”的方式吸引创作者。在内容分发平台大力延揽激励之下，内容分发平台上形成了多元内容生产者共生的生态。除上述 PGC 等自媒体以外，职业媒体、政务新媒体、商业机构新媒体等也共同驻扎在内容分发平台。随着内容分发平台更多种类，各类内容生产者也进化为更多形态的内容生产者。

（三）算法驱动叙事迁移

这一阶段的新闻生产也突破了原有的边界。哥伦比亚大学一份调查报告显示“新闻机构的结构、工作流程和资源分配越来越多地被平台所决定[①]”，在中国也出现相似的情况，数

① 骆世查编译：《硅谷如何重塑新闻业——哥大新闻学院 Tow 数字新闻中心“平台新闻业”报告》，《新闻记者》2017 年第 7 期，第 34—44 页。

字新闻生产转向算法新闻。一方面，新闻业越来越重视用户数据，一些编辑部提出“以用户为中心”的生产理念，并由此调整了新闻生产常规，例如标题制作方式、探索融媒体报道，采取移动优先策略等。另一方面，新闻业也同时感受到算法对新闻生产带来的冲击，平台算法实际上是将新闻把关权利让渡给用户和算法设计者，媒体担心因此带来新闻质量下滑。

（四）透明的信源

信源变得透明和转向行业共享是这一阶段的特点。媒体仍在不断拓展信源，以应对更为激烈的竞争。进入智能传播初期，媒体获取新闻线索的技术提升，除了传统的获取新闻线索的方式以外，媒体通过数据挖掘、社交媒体热点监测等手段获得更多隐藏的新闻。但是，因为各类数据逐步公开，这些新闻线索行业内共享程度很高。与此同时，传统的信源有了自发声的渠道，可以直接在社交媒体发布新闻信息。事实上，信源变得越来越透明。

（五）用户 2.5

这一阶段的用户成长为更为复杂的，更易于被计算的用户。用户呈现出这样一些新特点：第一，数据化。进入智能传播阶段，最早出现在电商领域的用户画像成为一项普及型技术，内容分发平台或媒体移动 App 将用户的使用偏好抽象成标签，以此描述用户形象，依据用户画像为用户分发内容。这一情境下，用户是数据化的用户，无论是否发声，只要使用互联网就是一个可以匹配、可以计算、可以测量关系的数据。第二，用户成为有主体性的用户。王辰瑶认为必须重新理解用户，“新闻使用者不能再被视为简单的信息消费者，他们是一群以我们此前从未想象过的方式塑造、分享、重构和融合媒介内容的人。”[①]这一阶段用户再度进化。一方面，各类千人千面的内容服务使得用户个体化意识更强；另一方面，“一旦有重大事件发生，个人化的使用者又会以迅捷的方式聚合成庞大的公众。”[②]用户在公域和私域之间切换，在不同社群之间切换，在不同平台之间扮演不同的角色。

智能传播初期的新闻业是平台新闻业初建时期，新旧媒体来到同一界面，有越来越频繁的合作，但是也充满了对抗和多方力量的博弈。对于内容极度丰富，传播极富效率，极富有创新精神的平台新闻业，业界和学界都表现出前所未有的担心，一些学者担心公共新闻的失落，一些学者担心算法

---

① 王辰瑶:《新闻使用者：一个亟待重新理解的群体》,《南京社会科学》2016 年第 1 期，第 114—121 页。

② 王辰瑶:《新闻使用者：一个亟待重新理解的群体》,《南京社会科学》2016 年第 1 期，第 114—121 页。

的负面影响。“算法流行的可能风险和问题包括：一是引发信息茧房的效应；二是算法中的偏见或歧视对人们社会资源与位置的限制（将人们囚禁在偏见与歧视固有的社会结构中）[①]。当然，现在仅仅是智能传播初期阶段，新闻业在不断优化。

七、从受众、用户到用户 2.5

在从 1949 年至今对新闻业生态变迁的历时性梳理过程中，我们描述了在技术驱动下不断变化及至重构的新闻业。必须看到的是驱动新闻业重构的推动力很多，技术毋庸置疑是很重要的一个因素，但并非完全决定性的因素。因而，这里想换一个维度，观察新闻业 70 年变迁中另一个始终迭代的重要因素——用户。换言之，本书认为影响新闻业生态系统的关键点是用户，技术变革改变了人类社会的连接关系，传统媒体因此丢失了与受众的连接，网络社会的新连接关系重构了媒体与用户的连接关系。用户迭代，新的新闻业生态系统必须适应迭代的用户。

---

① 苏涛、彭兰：《反思与展望：赛博格时代的传播图景——2018 年新媒体研究综述》，《国际新闻界》2019 年第 1 期，第 41—57 页。

（一）传统传播、互联网传播、智能传播与用户

回溯本章描述的新闻业生态变迁，新闻业大致可以划分为传统传播、互联网传播、智能传播三种传播模式，如表3.1所示。

表3.1 三种传播模式比较

	传统传播	互联网传播	智能传播
信息数量	媒体内容为主，质高量少	媒体内容和UGC内容，数量充裕，质量参差	媒体内容和PGC、UGC、MGC，数量过载，质量参差
传播模式	大众传播	大众传播和社交关系传播	精准传播
用户特点	信息消费者	信息产用者	多重连接关系之下的信息产用者

三种传播模式形成了不同的媒体与用户的关系，总体来看，这是一个用户权利逐渐被提升的过程。在一元化时期，媒体与用户关系的话语表述是“贴近受众”，“贴近”一词的隐喻是媒体与受众之间有距离，媒体要主动贴近受众。在二元化时期，都市类媒体提出“平民新闻”的理念，强调媒体与受众之间的平等关系，媒体要服务受众。在Web1.0时期，“服务受众”的话语被代之以“服务用户”“服务网友”。在这两个阶段，用户权利提升，媒体不再高高在上。到了Web2.0时期，社交媒体出现，媒体与用户的关系是让用户“卷入”

媒体的新闻。媒体强调与用户互动，让用户参与媒体的新闻生产，用户会对媒体报道有所评价。用户不仅仅是用户，是有话语权的用户。智能传播时期，用户权利再次提升，媒体要为用户画像，要将信息推送给用户，要精准服务于每个用户。“媒介不再是外在于人、被用户使用的客体，而是与用户互嵌并重新联接了社会[①]。”智能传播时期，媒体切实地提高了服务于个体用户的能力。

一定意义上说，技术释放了个体的权利，在越来越原子化的网络社会，新闻业生态之所以系统重构，用户增权是关键变量。

（二）新闻业危机语境下重构媒体与用户关系

在智能传播环境下，各界的忧心忡忡在于新闻业仍未走出危机，担心平台、算法这些新的行动者可能继续瓦解传统新闻业，使得优质新闻生产更为艰难。

危机经常被用来描述传统新闻业的处境，读者流失、收视率下降、广告断崖式下滑……是传统新闻业的困境所在。困境往往被归咎于互联网技术。但是，核心的问题应该是受

---

① 王刘鹏：《用户新闻学：新传播格局下新闻学开启的另一扇门》，《新闻与传播研究》2019 年第 2 期，第 5—18 页。

众转变为用户，传统媒体与受众之间断掉了连接。传统媒体的盈利模式是做优质新闻，获得更多受众，通过二次售卖的方式，以受众的注意力赢得广告。受众流失之后，盈利模式也被瓦解了。重建新闻业的权威，重建新闻业的社会信任，最重要的是受众转变为用户之后媒体重建与用户的连接。本书研究智能传播环境下的新闻生产，最希望探讨的是在智能传播环境下，如何与迭代到 2.5 版本的用户建立黏性的连接关系。

传统新闻业的危机不仅止于渠道丧失。在新闻业生态系统重构、用户连接深刻改变的情形下，新闻业需要重新思考新闻生产、传播、经营的方方面面。有学者提出要建设用户新闻学，要以用户为中心，回到新闻业的一些本质规律、元话题来思考行业困境。“在新传播技术的推动下，从受众到用户，从客体到主体，从边缘到中心，用户已成为新传播格局中的主导力量，新闻学研究也应改变传统的专业媒体中心视角，围绕用户重新思考何谓新闻等问题。[①]”智能传播环境下如何围绕用户建构新的新闻生产常规，是本书后面章节着重讨论的问题。

① 刘鹏：《用户新闻学：新传播格局下新闻学开启的另一扇门》，《新闻与传播研究》2019 年第 2 期，第 5—18 页。

八、小结

本章以新闻生产与传播的过程为观察框架，对传统传播、互联网传播、智能传播阶段的新闻业生态进行了系统研究。本章从媒介生态学入手，对新闻业生态系统的结构、行动者、行动者相互关系按照不同阶段做了梳理和总结。通过历时性研究归纳出技术驱动改变了网络社会的连接关系，连接关系的改变使得新闻业生态不断重构。而在新闻业生态系统变迁中，除了技术，用户的迭代是更为重要的变量。

从受众到用户，从用户 1.0 到用户 2.5，基于媒体与用户的关系，本章提出智能传播环境下的新闻生产要重建媒体与用户的连接，要以已经深刻变革的用户为中心，基于多种连接关系，重新建设媒体组织，重新打造新闻生产和新闻传播的方式。这也是本书最核心的观点。

第四章

智能编辑部

智能传播阶段，新闻生产的主体是智能媒体。面对技术驱动下新闻业前所未有的变革，在以对“未来媒体”的想象为蓝图探索多年之后，媒体纷纷做出智能化媒体转向的规划。在新闻生产方面，伴随人工智能技术在新闻业的应用，媒体在实践中不断拓展，从最初零散地利用人工智能技术助力新闻生产，开始转向建设人工智能编辑部，整体提升新闻生产的自动化、数据化、智能化水平。本书的核心研究问题是智能传播环境下的新闻生产，因而本章对智能媒体浪潮中的智能编辑部展开研究，并着重于这样几个议题：技术搭建、新闻生产流程、组织架构、人才配置与培养等。

一、智能媒体实践

什么是智能媒体？研究者对其给予了不同阐释。这些阐释描述了智能媒体的轮廓。任锦鸾等人认为智能媒体以用户为中心，具备类似于人类的感知能力、记忆和思维能力、学习能力、自适应能力和行为决策能力。[①]”许志强以视频生产为例，认为智能媒体发展过程中从媒体内容生产、内容消费到制播体制、传播体系再到直播体验、屏幕内容、用户体验、媒介功能等都会智能化[②]。李戈等认为“智能媒体具有连接与协作趋于多维、真实与虚拟逐渐融合、交互与布局更加自然、情绪与行为成为标签等特征。[③]”

通过上述研究者不同层面的阐释，我们可以认为智能媒体实质上是从生产、传播到广告、经营等全系统智能化升级改造的媒体。国内最早提出建设“智媒体”的是四川日报报业集团打造的封面传媒。封面传媒的智能化实践已经涉足已经涉及上述诸环节。在新闻生产方面，封面传媒探索了智能主播、自动化写作、智能融媒体生产系统、智能视频、AI 记者等；在分发方面，客户端采纳个性化推荐技术；在经营方面，探索 AI 营销和 AI 电商，建立基于封面 AI 技术的销售产品系统，以计算广告为基础，推动数字营销的精准化，同时通

---

① 任锦鸾、曹文、刘丽华、黄锐、祝金甫：《基于技术与市场视角的智能媒体发展态势分析》，《现代传播》2017 年第 10 期，第 133—137 页。

② 许志强：《智能媒体创新发展模式研究》，《中国出版》2016 年第 12 期，第 17—21 页。

③ 李戈、郑旭军：《智能媒体特征分析与设计思维重构》，《中国出版》2018 年第 2 期，第 52—55 页。

过大数据技术、本土电商落地与大型互联网电商平台的合作，建设区域化的AI电商平台[①]。目前，智能媒体被视为建设新型主流媒体、深化媒体融合的重要方向。媒体着力于实现在线化、数据化、智能化，例如苏州广播电视台提出深化媒体融合，建设智能化中台。随着5G技术进入应用，广播电视等媒体也已经悄然进入智能化时代。截至2019年年底，人民日报、新华社、中央广播电视总台等媒体均已开始建设智能编辑部。

在新闻生产层面，智能化媒体的探索集中在智能编辑部。除封面传媒以外，中央广播电视总台、新华社等一批媒体尝试以智能编辑部的建设推动媒体融合深化。智能编辑部覆盖了智能传播环境下新闻生产的全流程，并且媒体在智能编辑部建设过程中，与各人工智能技术公司进行了深度合作。因而，本章以智能编辑部为切入点研究媒体新闻生产的智能化实践。

二、智能编辑部的技术体系

技术是编辑部升级改造的驱动力。技术系统改造之后，往

① 李鹏：《“封面新闻”智能编辑部的构建之路》，《新闻与写作》2019年第5期，第87—89页。

往引领编辑部完成流程、机制等方面的再造。笔者对新华社、BBC 等媒体的智能编辑部进行了抽象，全流程智能化的智能编辑部的技术搭建有如下模块：

（一）数据支持系统

在近年来的媒体融合探索进程中，媒体已经深刻认识到未来的媒体是数据媒体，未来的传媒竞争是数据博弈，并把数据系统的建设作为媒体转型功成建设的重点。新型主流媒体推行不同模式的大数据战略，例如人民日报采用“中央厨房＋人民云大数据”开放共享平台，新华社采用“媒体大脑＋大数据运营生态系统”，中央广播电视总台使用新媒体集成“遥控平台＋数据中台”，浙江日报报业集团建立了“媒立方＋大数据产业生态圈”。新型主流媒体的大数据战略不仅仅针对媒体自身，虽然涵盖了媒资库、媒体历史数据库、专家库等，但核心目标是“依托媒体建立起的大数据库，依托‘媒体＋’形成的数据生产、聚集、运营和服务能力[①]”。例如，浙江日报报业集团成立了浙报传媒互联网数据中心和大数据交易中

---

① 曹轲、陈良晓:《人民数据、新华数据、财新数据、南方数据——“媒体数据”新概念与前瞻分析》,《南方传媒研究》第 78 辑，2019 年 6 月，第 18—30 页。

心，基于大数据构建智慧服务平台，进入养老产业、电竞产业。

当然，智能化媒体的数据支持系统着重于对内支撑，主要用于支持媒体的新闻生产、传播与经营。智能化媒体的数据支持系统需要具备数据汇聚整合、数据提纯加工、数据服务可视化、数据价值变现等核心能力。数据汇聚整合能力，是指数据支持系统能够汇聚用户生产内容、客户生产内容、各类政务新媒体与商业机构新媒体生产的内容，存储媒体自身生产的大量文字、图片、音视频等新闻业务数据，并能对这些数据进行分解、调取、整合、加工。数据提纯加工能力，是指具备根据指定目标，对数据收集、存储、筛选、清洗、分析、计算、决策与预测的能力。数据服务可视化能力，是指挖掘数据、分析数据，洞察数据，并提供丰富的图表组件以及场景模板，具备数据源对接能力，实现一站式可视化开发。数据价值变现，是指具备利用数据获取商业价值的能力。

（二）监测采集技术模块

在利用智能化技术协助编辑部进行网络信息监测方面，国内外媒体均应用较早，目前已经在大多数媒体普及，编辑部根据热点或数据寻找确定新闻线索。这些新闻线索对媒体新闻选题判断和议题设置有显著影响。新华社智能化编辑部“利用‘媒体大脑’摄像头新闻机器人和‘鹰眼’智能监测系统，能够超早期记录突发事件、发现新闻热点；记者应用‘现场云’

移动采集系统和智能手机、AR 智能眼镜、智能录音笔等智能硬件随时发起‘现场新闻’全息直播，并同步采集文字、图片、短视频等全媒体形态新闻素材[①]”。

（三）智能化内容制作模块

在传统媒体编辑部，内容制作包括写稿、配图、剪辑视频、主播配音、后期合成、编务场记等环节。目前人工智能技术已经可以使上述环节全部实现自动化生成。以新华社“媒体大脑”为例，媒体大脑是新华社自主研发的国内首个媒体人工智能平台，面向媒体机构提供“大数据 + 人工智能”的新闻生产、分发与监测服务。截至 2019 年 8 月，“媒体大脑”已经推出 25 款机器人，其中内容自动化生产的媒体机器人有 17 款，分别为：“智能会话机器人、字幕生成机器人、智能配音机器人、视频包装机器人、视频防抖机器人、虚拟主播机器人、数据新闻机器人、直播剪辑机器人、数据金融机器人、影视综快剪机器人、体育报道机器人、会议报道机器人、极速渲染机器人、用户画像机器人、虚拟广告机器人、一键转视频机器人、视频

① 宋玉萌：《新华社智能化编辑部建成运行 实现人工智能再造新闻生产全流程》，新华网 2019 年 12 月 12 日，网址：http://www.xinhuanet.com/politics/2019-12/12/c_1125340864.htm。

转GIF机器人等[1]”。这17款机器人可以实现一款视频作品从素材识别、剪辑到播出的全部自动化。华盛顿邮报则开发了100多款机器人，这些机器人在为新闻从业者提供工具方面更为出色，例如帮助问卷调查及提醒记者不要拖延时间。

（四）智能化内容分发模块

智能编辑部的内容分发是跨平台分发，既向拥有庞大用户群体的社交媒体、平台型媒体分发，也向媒体自建的新闻客户端等推送。因为不同平台、不同渠道的用户有不同特性，因而智能编辑部需要因应不同平台的算法进行推荐。从媒体实践来看，智能化内容分发模块可以分为三个类别：一是媒体算法。媒体开发适用于自身定位的算法向客户端用户进行新闻的个性化推荐，例如人民日报客户端开发了主流媒体算法。新华社也实现了面向新华社用户的个性化推荐。二是新闻资讯机器人。新闻资讯机器人App能针对用户的个性化使用特征，持续追踪用户感兴趣的内容，将编辑部生产的内容实时推送给用户。三是面向平台型媒体开发的机器人，这些

① 姜继葆：《新华智云推出25款媒体机器人 解决媒体人痛点》，《中国青年报》客户端2019年8月28日，网址：https://baijiahao.baidu.com/s?id=1642995809092541802&wfr=spider&for=pc。

机器人熟悉各平台的算法及用户偏好，辅助编辑部生产社交平台的爆款，如纽约时报研发的新闻机器人 Blossom，被称为“社交媒体运营总监”，Blossom 的工作是根据社交媒体平台用户的普遍偏好帮助编辑部粗选新闻，并自动配标题，人工编辑定选之后再推送到社交媒体平台。

（五）智能化内容审核模块

在大数据基础上，人工智能技术在文本、视频文件或乃至直播中，都可以进行智能化分析，这帮助媒体能精准高效识别各类场景涉政、色情、辱骂、违禁、垃圾广告等违规内容，防御内容风险。智能化内容审核模块也能实时监测舆情趋势，动态追踪违规态势，助力媒体舆情监测等内容产品的生产研发。中央广播电视总台于 2019 年推出“融媒智控云矩阵”，该矩阵具有拥有一套基于 10 年审核经验的信息知识图谱和主流算法模块，强大的数据库和算法算力助力中央广播电视总台“人工智能编辑部”有效完成智能审核，编辑部已经初步构建智能策划、智能采集、智能生产、智能运营、智能审核于一体的“五智”全链条传播流程。

（六）智能化反馈分析模块

用户的新闻消费行为，如浏览、点赞、评论、跳转、情感等都被媒体数据系统记录，智能化反馈分析模块对编辑部提供用户数据分析、内容传播效果评价、新闻传播路径分析等。媒体在反馈环节也不断创新，新华社依托智能版权评价系统和区块链技术，精准评估传播效果。华盛顿邮报则利用研发的机器人“病毒传播神谕”进行传播效果预测，“该工具能对报道进行实时监测，在报道发出30分钟后，就可以预测出报道能否达到病毒式传播的阈值，并将意见反馈给编辑[①]”。

如图4.1所示，智能编辑部的技术体系实现了界面、中台、

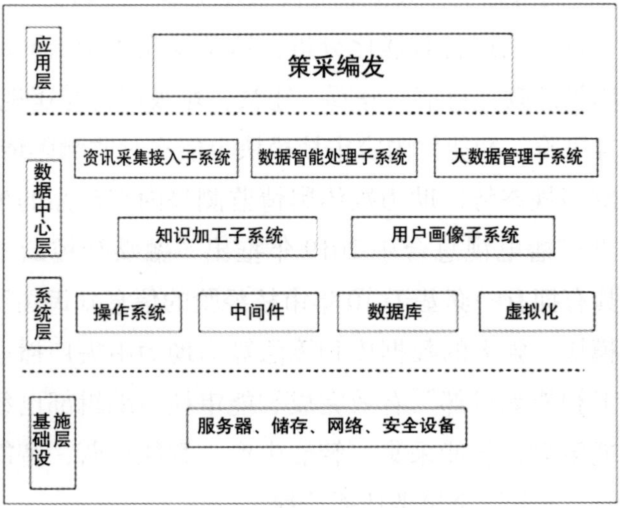

图4.1 智能编辑部的技术体系

① 王亮:《人工智能技术环境下新闻出版业运作模式创新》,《出版参考》2017年第9期，第9—12页。

后台三个层次的智能化。

界面为编辑部可常态化使用满足策、采、编、发功能的采编系统。即前端界面是采编人员与数据支持系统对话的窗口，采编人员可以根据编辑部新闻业务场景使用信息采集工具、内容制作工具、运营工具、内容分发工具。中台提供人工智能语音识别、语义理解、图像识别等人工智能核心基础能力服务，支持音视频系统，实现数据采集、数据处理、智能决策等功能。中台还能根据业务数据和用户在媒体的行为数据生成用户画像，主要分为个人用户包括人口统计学特征、内容消费兴趣、能力与偏好等,企业客户画像包括企业的生产、流通、运营、财务等数据。后台为计算平台，为维护智能编辑部运行的网络引擎、服务器等运营维护基础设施。

智能编辑部的技术体系的最核心特征是数据服务一体化，传统单个业务独立运行并自行管理数据被统一存储调用，并利用智能化前台工具完成更多人工所难以实现的任务，助力编辑部的生产与分发。

三、智能编辑部的生产流程

（一）人机协同的全媒体新闻生产流程

技术发展使采编流程再造成为可能，也成为必须。人工智能技术全线条布局新闻生产与传播，在智能编辑部形成了新闻信息智能化策划调度、一次性采集、多元生成、多平台传播、实时反馈的模式。智能编辑部的新闻生产流程也因此重塑。智能编辑部的新闻生产形成了人机协同的全媒体新闻生产流程。

如图 4.2 所示，人机协同的全媒体新闻生产流程形成了下述特征。

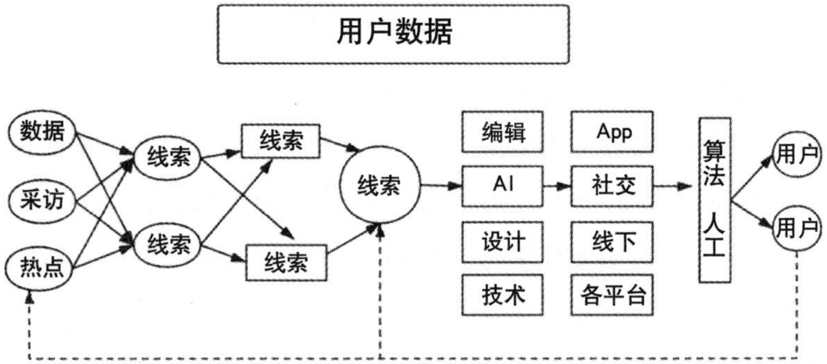

图 4.2 人机协同的全媒体新闻生产流程图

第一，融媒体新闻中心负责总指挥总调度。融媒体中心，也被称作中央厨房、中央编辑室，是智能编辑部的指挥中枢，是全媒体新闻内容生产数据和互联网信息数据的监控、决策、协调、调度、查看平台。在融媒体中心，来自线下传统媒体、社交媒体端口、移动 App 等不同终端的负责人联席指挥调度。负责人从选题库、线索库查看筛选重要选题，并按全媒体智能采编系统里显示的记者所在位置、装备情况分配任务，制作完成的作品再存储到全媒体智能采编系统中，待不同终端的编辑处理完成之后，融媒体新闻中心再根据其传播效果等综合指标评价反馈。当天重要选题、阶段性选题计划、重大报道策划也由融媒体新闻中心负责总指挥。作为指挥中枢，融媒体新闻中心的数据化、智能化程度最高，对各数据库、技术模块的调动使用权限最高。

第二，人机协同进行新闻动态监测。新闻动态监测是新闻机构获取新闻信息以保持持续新闻生产能力的关键。传统媒体时期的新闻来源以记者采访回来的新闻事实为主。智能编辑部中，新闻来源变得多元。信源主要来自三个方面：一是记者采访。记者面对面采访、借由社交媒体工具进行采访得来的事实仍是最重要的信源。二是数据。根据各类公开或非公开数据进行挖掘，得到的新闻线索或新闻事实是重要信源。数据挖掘既可以是数据分析师人工挖掘，也可以是机器人全网抓取并处理。三是社交媒体热点。舆情监测系统通过对各类社交媒体平台用户点击点赞评论等数据做热点新闻进行排序，搜集热点事件焦点意见，并将线索提供给编辑部。目前，社交媒体热点监测系统在各新闻媒体基本普及，一些媒体采用自己的热点数据监测系统，一些媒体采取第三方技术公司提供的数据监测系统。此外，随着传感器的使用，智能编辑部多了“感知引擎”。传感器采集的信息传输到智能编辑部，经过数据分析处理，也可以形成新闻线索进入新闻线索库。

第三，人机协同完成新闻稿件撰写。自动化写作是较为成熟的智能化技术，2015 年起大规模在编辑部使用。在传统媒体编辑部，新闻稿件由记者完成；在智能编辑部，每天的新闻稿件分成两部分，一部分来自记者，另一部分来自机器人的自动化写作。在新闻稿件撰写这一环节，智能编辑部的人机协同方式非常灵活。一方面，机器人根据人预先设计的程序和模板进行自动化新闻的写作，例如纽约时报的时政新闻机器人能以该报时政记者惯有的风格写稿。另一方面，记者也会使用机器人提供的素材或者其他服务完成难度更高的新闻作品。如经过训练的算法能够透过特定的文字模式分析大量的文件，以圈定哪些属于相关联的内容，为记者提供调查线索等。

第四，人机协同完成多媒体作品的筛选把关与编辑制作。这一环节重点是多媒体报道的人机协同。因为不同终端的内容均在智能编辑部完成，采编平台就汇聚了图片、文字、视频、H5、数据新闻、VR 新闻、移动直播等各种不同媒体形态的内容。如何在采编平台完成不同媒体形态的内容制作，并按不同时间不同平台特性分发，这给编辑部带来了巨大挑战。在前方采访环节，记者探索全媒体报道，即背包记者，能一次性采集图文、视频，能即刻完成移动直播。在编辑环节，编辑部则采取了按终端设置不同编辑室的方式需要完成报纸、视频、移动 App、社交媒体账号等多终端多媒体形态内容的编辑。如图 4.2 所示，为了能适应融合报道对叙事技术的要求，编辑部采取了内容、设计、技术、数据分析人员共同组队的模式，程序员、工程师进编辑部。例如《华盛顿邮报》新闻编辑室在2015年时已经有47名工程师与记者编辑一同工作。人民日报中央厨房的技术、可视化等人员总共也有80多位。

如何按不同时间不同平台特性筛选推荐新闻？智能编辑部采取了人机协同模式。“纽时时报的数字部门的科学团队研发的机器人Blossomblot，是基于协作工具Slack软件上的一个虚拟智能机器人，通过基于像Facebook这样的社交平台上所推送的海量文章大数据分析，它能够预测哪些内容更具有社交推广效应，以及帮编辑挑选出适合推送到文章和内容，通过机器学习甚至可以独立制定标题、摘要文案、配图等①。”Blossomblot的角色相当于内容运营。而编务等琐碎性工作也在技术的帮助下智能化，BBC的机器人Juicer的任务是把海量的数据，包括每天的新闻、视频、其他媒体的消息、互联网信息，等等，用联想的智慧方式联结起来，方便调用，提高了编辑部效率。我国中央广播电视总台采用视频识别技术帮助编辑做场记，提高了找素材的效率，编辑节省了大量时间。

第五，智能分发和用户反馈。在内容分发与用户反馈环节，由于数据管理的纷繁复杂及精准化，智能化技术应用场景更多。除在移动App上使用智能算法，一些媒体研发机器人用

---

① 智东西：《惊！纽约时报机器人编辑让流量涨了38倍》，钛媒体网2015年8月18日，网址：https://www.tmtpost.com/1404286.html。

于用户评论区管理、用户数据分析、新闻分发等。智能分发系统会记录转载转引数据、用户评价数据、媒体传播数据、竞品对比数据等用户新闻消费行为的相关数据，这些数据会作为传播效果会再度反馈给融媒体新闻指挥中心，作为采编人员的绩效考核数据。而用户对新闻的传播效果数据也会传递回社交媒体热点数据，用于新闻线索的筛选。智能化新闻生产由此实现闭环。

第六，智能化审核。事实上，在 App 等终端，还设置了智能监测软件对用户及其他生产者生产的内容进行审核。智能审核技术不仅可以审核图文，也可以审核视频画面。色情、暴力等不良内容均能在智能审核环节筛选掉。一些媒体客户端采取智能审核技术与人工审核协同的方式，智能审核粗选，人工审核对疑似作品进行复审。

（二）全媒体新闻生产的协调机制

智能编辑部产制的新闻要面对多终端分发，产品多、多任务并行，协调机制至关重要。综合来看，近年来，媒体在如下几方面已经建成了一套有效的协调机制：

第一，多终端负责人联席的编前会制度。传统媒体时期，编前会是指每期报纸出版前确立头条等重要篇目，协调版面的会议，通常由报社领导人主持，编辑部各部门负责人等参加。编前会通常也会根据近期工作重点、社会热点确立重点选题。

在全媒体新闻生产媒体流程中，多媒体联席的编前会通常是媒体集团领导或全媒体运营总监主持会议，协调各个分发终端编辑部负责人共同召开。例如，在很多县域融媒体中心由电视、报纸、新媒体、广播等部门共同召开编前会，通报当天刊播内容，共享新闻资源，共同策划当天重要选题。在广州日报、江苏广播电视台等媒体的融媒体指挥中心，也采取多终端负责人联席的编前会制度。多终端负责人联席的编前会制度既可以保证重大报道多终端协同联动，也可以保证不同终端新闻发布时间有序，形成合力。

第二，重大报道联动机制。重大主题报道、战役报道的策划是媒体阶段性重点，因媒体竞争激烈，各媒体也都使出浑身解数。从媒体实践来看，媒体已经适应于多元内容生产者共生的态势，重大报道策划注重发挥媒体策展功能，多方联动。例如广东佛山传媒 2019 全国两会报道，因资源所限，该媒体派赴北京前方会场的记者很少，但是该媒体打通“报、台、网、端、微、屏”各种资源，并采取广泛联动的方案，报道取得了良好效果。一方面，广东佛山传媒集团引入新华社“媒体大脑”智能平台，试水人工智能技术生产可视化产品，提高新闻生产效率；另一方面，与政务新媒体联动，佛山新闻网代运维百余个政务新媒体微信公众号，“联动佛山政务新媒体联盟，推出‘两会 @ 佛山’专栏，设置统一栏花，关注和发布与政务领域相关、市民关注度高的两会热点话题，并开设政务新媒体联盟专栏，同步抓取相关稿件进行集中展示"[①]，形成报道合力。

第三，移动优先机制。在全媒体集团，采取何种跨平台分发策略是新闻生产流程中的重要一环。报、网、端、微、屏等多终端分发，移动优先的机制是目前各传媒集团普遍采取的策略。多终端最终共同形成合力，在集团内形成"快、全、深"的发布次序。当一件新闻发生，记者迅速完成消息，智能编辑部首先在社交媒体、移动 App 上优先发布；随后智能编辑部进行策划，多终端分发对事件的全部报道；再后多终端发布对事件的解读、评论。不过，移动优先发布的同时需要注意，单独就移动端用户而言，因为用户往往并不会同时是报、网、端、微、屏的全媒体用户，同时收看收听所有终端的内容，为了避免遗漏新闻，让用户产生不好的体验，每个终端的内容都应同时保持独立发布的完整性。

第四，采编与运营一体化机制。与用户建立连接的新的新闻生产理念使得媒体在近年来提出内容产品化。在很多媒体集团的移动客户端实行了采编与运营一体化，一些媒体的新闻 App 甚至提出不设立编辑，所有编辑职位都转换为内容运营。一定意义上说，内容运营是媒体更为重视社交媒体分发、重视用户的一种战略性调整。"新媒体的内容生产必须调整产

① 曾伟荣：《融媒时代城市网媒重大时政报道创新探析——以广东佛山新闻网 2019 全国两会报道为例》,《今传媒》2019 年第 6 期，第 120—122 页。

品策略，经营好平台，构建内容、社区和服务的产品链，让用户和自己产生更多的情感交叉，或让内容对用户有实际用途，培养更加忠诚的粉丝用户。”①

第五，创新型新闻作品的作业机制。在互联网端视频、图文等媒介形态边界被用户淡化，融合新闻报道常态化。在重大主题报道、纪念日报道等大型新闻报道策划中，融合新闻被视为编辑部的精品进入常态策划。但是，数据新闻、VR 新闻、机器人新闻、无人机新闻等需要采用叙事技术来完成的报道的产制往往需要研发。如何培育创新型作品？媒体采取了不同的模式。人民日报“中央厨房”启动“融媒体工作室”计划，打破现有部门设置，组建跨部门工作室。“中央厨房”作为融媒体工作室的孵化器，为编辑记者的内容创新提供推广运营、技术实现以及基础的资金支持。截至 2019 年 3 月，该报有融媒体工作室 40 余个。2019 年“两会”期间，“融媒体工作室创作推出的全部融产品浏览量达 5 亿，被 500 余家媒体转载，多款产品被全网推送②”。长沙广播电视台利用其旗下国有控股的上市公司中广天择传媒股份有限公司占领短视频市场，“2018 年成立中广天择 MCN，自主研发和制作了一系列新媒体账号和内容，

① 塔娜、唐铮：《算法新闻》，中国人民大学出版社 2019 年版，第 243 页。

② 人民日报：《发挥‘轻骑兵’‘突击队’作用 融媒体工作室产品浏览量达 5 亿（融看台）》，《人民日报》，2019 年 3 月 14 日，第 16 版。

在美妆、特效、情感、潮鞋、影评、知识等多个垂直领域布局，在全网三十多家平台开拓短视频业务[①]”。新华社等媒体则成立了融媒体研究院、融媒体实验室等研发团队开发创新型融合新闻作品。此外，一些媒体成立了创新型“工作室”组织，这是一个“跨职能团队”，来自不同领域的专业人员，打破组织内部横向界限，合作完成多样化融媒体报道任务。总体而言，创新型新闻作品主要是以灵活的创新型团队为基本行动单位。

四、智能编辑部的组织重构

媒体融合深化进程中，为适应新闻一次性采集，多种生产，N 终端加工的新趋势，一些新闻机构进行了组织变革。智能编辑部在这些变革基础上赋能。本书将不同的媒体编辑部归纳为如下几种主要模式。

（一）链式编辑中心制模式

链式编辑中心制模式是指以不同终端编辑部为中心，传统

---

① 传媒内参：《广电 MCN 主力军进军短视频主战场，中广天择与快手达成战略合作》，2019 年 9 月 19 日发布，网址：https://www.sohu.com/a/339884883_351788。

媒体编辑与新媒体编辑各自组织新闻生产，通过协调机制如联席会议、总编室、融媒体指挥部等联动。形象地说，每个终端各自都像一条围绕其编辑部独立运作的链条，本书形容为“链式编辑中心制”模式，美国国家公共广播公司（以下简称“NPR”），广州日报等媒体都采取这种模式。

具体而言，即组织架构方面，设置传统媒体编辑中心、新媒体新闻编辑中心，在两个编辑中心下面再根据终端差别设置不同的部门，例如，微博微信部、客户端部、视频部等，新闻生产围绕不同的部门形成独立运作的链条，记者为不同的终端编辑部供稿，不同的终端编辑部根据该终端传播特征策划、定制、筛选、编辑、发布。如何确保不同的链条彼此协调和形成合力？首先，整个媒体集团有统一的面向多平台的一体化生产流程和技术系统做支撑，即编辑、记者和制作人都通过一个采编技术系统生产新闻，系统和流程保证了工作效率，减少重复劳动。其次，通过在生产流程上设置灵活的协调机制，如联席会议等，保障日常报道的多终端联动和重大报道的集中策划。

链式编辑中心制模式的优势可以归纳为三点：

第一，集约化生产。链式编辑中心制模式能够实现记者一次性采集、编辑多终端编辑发布，节省了前方采访的人力物力，避免了重复劳动和资源浪费，降低了新闻生产的成本。

第二，不同终端易提高专业化生产能力。术业有专攻，不同终端有不同的传播特性，编辑专属某一个终端，易熟悉平台属性、熟悉运营规律，易变成专家型编辑，也有利于媒体专业化程度的提升。

第三，媒体从业者易于转型，适合于常态运作。链式编辑中心制模式能保障媒体机构新闻生产的常态运行，也能保障重大报道临时调度优势兵力集中攻坚，特别是避免了媒体从业者转型困难的实践困惑。在以往的实践中，一些媒体在组织重构时，形成了新的架构，但是对于从业者要求很高，导致一些编辑像跨终端的“陀螺”，在不同终端间穿梭，做完报纸做抖音视频，不利于专业化生产，编辑也感到难以胜任。

（二）开放式中央厨房模式

在传媒行业中，“中央厨房”模式是一种新型的集媒体策、采、编、发于一体的多媒体综合平台，既包括传统媒体和新兴媒体融合的技术工作平台，也是一种组织架构。开放式中央厨房模式是指中央厨房设置为不封闭的部门，作为全媒体的技术中枢和支撑团队，各采编部门自由进出，依靠中央厨房的技术、设计、数据支持创作内容。人民日报社中央厨房模式是这一模式的经典案例。

开放式的中央厨房模式中，中央厨房作为独立的部门或独立的公司，提供核心技术的支持保障。以人民日报社中央厨房模式为例，中央厨房作为独立的技术公司建制和运营，中央厨房中嵌入整套协助新闻生产的技术体系，如移动助手、H5 助手、传播效果评估系统、新媒体内容发布管理系统、用户数据库等，同时配备可以协作进行内容生产的设计团队、技术团队，可以协同完成 H5 编码、可视化设计等。在日常工作中，人民日报社各个终端的采编人员可以进入开放式的中央厨房，在中央厨房中与技术团队、设计团队合作完成多种报道。两会等重大报道期间，人民日报社相关领导带领策划团队、各部门编辑入驻中央厨房，中央厨房作为融合报道指挥中心，集策划、编辑、设计、技术、运营功能于一体，协同作战。目前，中央厨房还采用融媒体工作室运作机制，人民日报社采编人员自行组建了 40 多个融媒体工作室，常态化入驻中央厨房。这些融媒体工作室出品了麻辣财经、正和岛等一批优质品牌栏目和优秀作品。

开放式中央厨房模式的优势有二：第一，工程师进编辑部，解决了叙事技术人才短缺的难题。数据新闻、VR 新闻、无人机报道、H5 等融合新闻报道日益成为精品报道常态化形式。而原有新闻采编队伍往往长于内容，短缺于技术和设计，中央厨房配备技术和设计团队，有利于形成组合式的融合新闻报道团队，出产融合新闻精品。第二，技术团队共用，避免了重复建设。对于新闻机构，能够面向新媒体生产的数据库建设、技术系统、叙事工程师等物力和人力都需花费高额成本，开放式中央厨房对于终端众多、人员较多的媒体来说非常适宜，避免了媒体集团内部各设置一套的人力物力浪费。

（三）移动 App 反向融合模式

上海报业集团的澎湃、上观新闻等开创了另外一种编辑部融合模式——以移动客户端为主体反向嵌入传统媒体编辑部。2014 年东方早报的 App 澎湃上线，开始了“一套人马两个台子”的融合式发展，报纸和澎湃的要闻编辑部相对独立，其他部门全部是打通，按照新媒体产品 App 的形式架构编辑部，东方早报的记者同时也是澎湃的记者，东方早报和澎湃的文化风格和新闻理念保持一致。上观新闻 App 是由解放日报社推出的新闻阅读客户端，2015 年，报社整体媒体融合转型，人员全部迁入上观新闻，“部门制”改为“频道制”，除保留要闻编辑部、新闻编辑部、专副刊编辑部三个纸媒编辑部外，组建起适应互联网传播形态的政情、财经、区情、城事、视觉等九大频道，设立上观编辑中心、视觉中心、数据新闻中心、运营技术中心等新媒体部门配套支持。目前，澎湃、上观新闻都在原来的组织架构上提出进一步智能化、平台化，并取得良好效益。

移动 App 反向融合模式的优势在于整体数字化转型，媒体融合彻底，有利于培养全体从业人员的互联网思维，媒体互联网化程度更高。

（四）“五智”模式

“五智”指智能策划、智能采集、智能生产、智能运营、智能审核。“五智”模式是指将人机协同的五智团队独立组成核心部门的模式。2019 年年底，中央广播电视总台央视网“人工智能编辑部”按照“五智”采编流程划分生产区域，实现了新闻产品的全流程一体化智能生产。“五智”模式比较适合智能化生产实验区，针对一些智能化项目或者重大报道做创新驱动式的试验。长远来看，智能传播环境下的新闻生产均能实现“五智”。“五智”模式也将与常态化运作的采编部门嵌入式重组。郭全中认为中央广播电视总台的人工智能编辑部目标不仅是完成自身的升级转型，而是携手各方力量，“除了面向行业输出 AI 工具包技术服务，搭建开放服务平台，还要携手社会各方力量建设‘媒体 +AI’生态共同体。[①]”这一观点将“五智”模式的外延拓展得更远。

五、智能编辑部的人才

人工智能等新一代信息技术正在加速释放新闻业发展的新

---

① 郭全中：《智媒体如何打造——以中央广播电视总台“人工智能编辑部”为例》，《青年记者》2020 年 2 月（上），第 13—14 页。

动能。随着智能传播向纵深发展，新闻业的人才队伍建设也变得紧迫。

（一）智能编辑部的人才配置

按照智能化采编流程，智能编辑部的人才结构比传统媒体时期更为复杂，一些岗位突破了传统媒体的工种。在智能编辑部，需要有一支能够人机协同的策采编发的融媒体采编队伍。除了传统的采编人员的职业能力以外，这支队伍需要有处理代码的能力，有人机协同的能力，有数据处理、与用户互动的能力。在一个智能编辑部，传统岗位之外往往配置下述岗位：

全媒体记者。全媒体记者是指集采、写、摄、录、编、网络技能运用等多种能力于一身的全能型记者。“新华社为记者先后配备了 5G 手机、5G 背包、智能 AR 直播眼镜、智能录音笔等硬件装备，并将这些装备成功应用到全国两会、‘一带一路’国际合作高峰论坛、世园会等重大报道中。”[①]

用户增长编辑。用户增长编辑是指能深度理解用户、分析用户、运营用户的编辑。面向内容分发平台传播，编辑部

① 闫帅南：《新华社智能化编辑部建设初探》，《中国记者》2019 年第 7 期，第 75—76 页。

面对的是不同平台上的内容产用者。用户增长编辑的日常任务是提供用户分析数据、制订用户运营战略规划，管理用户。如华尔街日报使用用户数据来配置新闻报道资源，做新闻报道决策，“在数据战略部的协助下，每天跟踪40多种不同的数据，生产数十种报告，分享众多关于日报新闻的数据。跟踪社交媒体带来的对日报内容的分享和传播[①]”。依据用户数据制定新闻决策，用户能获得更好的体验，从而形成良性反馈。

人机互动编辑。人机互动编辑的任务是与智能技术工程师配合，引导工程师设计研发适合新闻生产的工具、程序。智能化编辑部的建设是在媒体智能传播环境中，利用大数据、云计算、人工智能等技术实现人机交互和人机协作，把采编人员从简单劳动中解放出来，释放媒体生产力，提高新闻生产效率，以生产更多优质新闻，一定意义上，培养具有人机协同理念，会用智能化技术的复合型人才是当务之急。在以往的实践中，由于文理分科，复合型人才稀缺，工程师不懂新闻、新闻编辑不懂技术，沟通困难。符合行业需要的智能化程序和工具需要协作完成。

技术、设计类工程师。智能技术工程师。人工智能技术助力编辑部需要不断开发小程序，并能训练机器人创作更多作

---

① 张利平：《用户思维、平台整合与媒介跨界融合——〈华尔街日报〉媒介融合实践及启示》，《东岳论丛》2017年第8期，第80—86页。

品。除此之外，新媒体设计师、数据分析师、叙事技术工程师等各类技术、设计人才也是智能编辑部的必备人才。

（二）智能传播环境下的新闻队伍建设

由于互联网技术和人工智能技术的渗透，新闻业发生深刻的变化，生态格局、传播方式、生产方式、用户等均已发生深刻变化，按照传统传播阶段的新闻生产方式储备的媒体人才队伍难以和智能传播环境适配。“智能 +”背景下，媒体加速向智能媒体转向，建设一支复合型、创新型的智能媒体人才队伍是当务之急。

智能媒体的新闻队伍应具备下述能力，形成多圈层的能力结构。

1. 专业化的新闻生产能力

机器人会不会替代记者的讨论渐渐被人机协同的理念所替代。新闻业逐渐达成共识，在人和人工智能技术的关系上，合作大于竞争，人工智能技术正在为新闻业提供助力，使得新闻机构的新闻生产能力得以提升和拓展。从智能传播环境下的新闻业生态来看，智能媒体的新闻队伍未来需要具备更专业的新闻生产能力。即人机协作的过程中，多元内容生产者共生的生态环境下，职业媒体应能利用智能化技术生产出更为专业的新闻报道。专业化即智能媒体的竞争力。

2. 数据分析处理能力

数据化是智能媒体的核心特征。新闻队伍中应有三类数据人才；第一类是数据分析专家，能够对智能媒体的数据中台、数据库等核心数据业务进行规划和分析处理。第二类是数据分析师，数据分析师应能对用户数据、新闻动态监测数据、内容审核数据等进行分析，并为编辑部提供分析报告。第三类是能做数据挖掘、数据可视化的采编人员，经过数据分析处理完成数据新闻。

3. 叙事技术运用能力

叙事技术的变革催生了融合新闻。互动视频、无人机报道、VR 新闻、H5、数据新闻等备受用户欢迎的融合新闻需要新闻采编人员能够掌握叙事技术，结合技术讲新闻故事。随着各类融合新闻走进编辑部并且常态化，融合新闻叙事技术应用能力成为新闻从业者的常规武器。

4. 智能技术使用能力

智能编辑部上线了一系列智能化工具，这些工具涉及新闻采集、视频制作、图像识别、数据可视化、内容审核、版权等全生产链条。新闻从业者应掌握工具使用能力，能够人机协同从事新闻生产与传播。事实上，智能编辑部还需要能够和智能技术工程师异同开发采编、经营一线智能化工具的高级人才。

5．用户运营能力

以用户为中心的新闻生产需要做到用户调查、用户画像、用户识别、用户转化、用户管理、用户分析、用户交互等这些环节需要懂经营、懂技术、懂用户、懂数据、懂新闻生产传播的复合型人才。有用户运营能力的高级人才是未来智能媒体最为稀缺的人才。

智能媒体如何培养适应智能传播环境，能熟练应用新技术进行媒体内容生产、传播、运营、市场等相关业务实践的人才，快速组建完备的新闻队伍？从目前发展趋势来看，需要采取综合性的解决方案。

第一，高校定制模式。全球新闻传播业都在谋求变革，新闻传播教育也在积极调整。近五年来，包括哥伦比亚大学新闻学院、西北大学梅迪尔新闻学院、加州大学伯克利分校传播系、中国人民大学、中国传媒大学等在内的国内外新闻传播院校都进行了教学改革。尽管高校新闻院系人才培养需要时间，但是基础扎实、视野宽广，有较好的新闻传播理论基础和理念，可以作为智能媒体的中长期储备力量。

第二，文理兼容的实验性团队组建。解决短期内的人才短缺问题，新闻媒体机构可以借鉴国外媒体的成功经验，快速组建文理兼容的实验室或实验室性工作室，以内容生产团队和智能化技术团队协作的方式补齐短板。

第三，培养智能产品项目产品经理。以智能产品项目制运作，由智能产品项目经理组合媒体内外部资源，兼顾媒体内部内容生产资源和外部商业性技术公司技术资源，联合组队完成智能化产品项目，积累经验，解决短期内智能媒体项目快速上线的问题。

六、小结

智能化、交互化、数据化、移动化等智能媒体的特征给新闻生产带来了重大变革。本章通过对智能编辑部的解剖分析了智能环境下新闻生产的技术、流程、组织、机制体制、人才配置等一系列议题。智能媒体被普遍视为全球范围内媒体转型的下一个突破口。如何建设智能编辑部、如何探索智能化的新闻生产流程，如何以智能传播环境下的新用户为中心进行新闻生产将是业界和研究者共同关注的持续性的议题。

智能编辑部是个中观层面的议题，但是对于新闻生产机构而言，编辑部是神经中枢，编辑部的革命将带动引领该媒体的革命。目前新闻生产机构的智能化主要也集中在智能编辑部的建设。本章希望围绕智能编辑部的讨论能帮助读者理解后面展开的智能传播环境下新闻生产常规重塑的议题。

第五章

智能传播环境下的新闻生产

本书聚焦于技术驱动下的新闻生产的变革，循于思考的惯例，研究思路从宏观到微观。在前面两章，我们聚焦于新闻业生态、新闻生产组织等宏观和中观层面，本章拟梳理和探寻技术对新闻生产常规的影响。

在微观层面，随着新闻业生态重构，新闻生产进入了颠覆性创新阶段。研究者们甚至认为新闻生产创新的研究需要重新回到元理论。“生产者、生产机制、生产理念、生产方式等既有的生产秩序，都需要重新理解，并在实践中更新。[①]”胡翼青等从“新闻场域—习惯”“新闻框架—常规”两个新闻学研究的主要范式反思：“情境在不断地被重构，新闻框架的多元化让人无所适从，社会新闻的生产好像无法再用惯例和常规来加以形容。[②]”对传统新闻生产的反思意味着智能传播环

---

① 孙玮：《融媒体生产：感官重组与知觉再造》，《新闻记者》2019 年第 3 期，第 27—31 页。

② 胡翼青、王聪：《超越“框架”与“场域”：媒介化社会的新闻生产研究》，《福建师范大学学报》2019 年第 4 期，第 138—144 页。

境下新闻生产的突破。彭兰认为，“智能化技术正在全面进入内容行业，并促使内容生产、分发、消费等全面升级，其主要表现为：以智能化驱动的内容生产 2.0，以算法为核心的内容分发 2.0，个性化与社交化交织、消费与生产一体的内容消费 2.0。①”

智能传播环境下，传统的新闻生产常规如何改造和向数字化新闻生产迁移？换言之，媒体作为网状连接关系的节点，如何在新的生态系统重构新闻生产常规。本章从作为新闻生产主体的媒体出发，从媒体与用户的关系、媒体与平台的关系、媒体与其他内容生产行动者的关系入手，探讨智能环境下新闻生产观念如何变革。

一、基于用户关系的新闻生产创新

互联网作为社会的基础设施，改变了媒体与用户的关系。传统媒体与受众的连接关系是线性的连接关系，受众是新闻的接收者，媒介市场的消费者，与媒体的交互和反馈非常少。智能传播环境下，受众转变为用户，媒体与用户的关系是网

① 彭兰：《智能时代的新内容革命》，《国际新闻界》2018 年第 6 期，第 88—109 页。

络社会网状连接关系的一部分，交互性强，可以测量，用户转变为积极的参与者,媒介市场的生产消费者。一定意义上说，技术驱动下用户赋权是媒体与用户关系转变的动因，由此激活了卷入用户的新闻生产方式的探索。

（一）用户高度“卷入”的新闻生产

亨利·詹金斯在其关于参与式文化的研究中将数字时代的用户称为生产消费者，“参与文化一词与被动型媒体观看行为的旧概念相对照。与以前把媒体制作人和消费者当作完全对立的两类角色不同，现在我们可能会把他们看作是按照一套新规则相互作用、相互影响的参与者。[①]”詹金斯的观点在新闻业被广泛认同，新闻理论研究者杨保军在这一议题下针对新闻业做了进一步阐释，提出生产消费者在新闻业活跃的结果是“‘共享’新闻资源时代的到来，‘共产’新闻文本时代的开启，‘共绘’新闻图景时代的降临和‘共同’新闻主体时代的开辟”[②]。这一背景下，媒体新闻生产方式也有新的探索。

用户共享资源、共创文本情境下，用户生产内容给媒体新

① 亨利·詹金斯：《融合文化：新媒体和旧媒体的冲突地带》，商务印书馆2012年10月第1版，第31页。

② 杨保军：《“脱媒主体”：结构新闻传播图景的新主体》，《国际新闻界》2015年第7期，第72—84页。

闻生产带来双重影响：一方面，新闻媒体受到冲击，如新闻当事人及目击者都可以上传内容，媒体不再是唯一抵达现场的报道者；另一方面，媒体仍是互联网上的重要节点，是舆论放大器，媒体可以利用用户生产内容，加工制作更有力量的作品。媒体如何利用用户生产内容？学者王敏对澳大利亚地方性的互联网报纸“Brisbane Times”做了编辑室民族志研究。“Brisbane Times”主编 Danielle 以“卷入度”（involvement）这一概念来理解地方新闻的价值，除了让用户知晓新闻，还要让用户深度参与到对新闻话题的评论、分享、转发等过程中，“以即时、参与、互动、分享这样一些吸引用户‘卷入’的方式，塑造虚拟与现实相结合的‘社区感’，让用户认为报道与自己相关，并感觉到自己在讨论中有存在感[①]。”一定意义上说，高度卷入的新闻是媒体在线新闻生产最为重视的方式之一，卷入的方式可以归纳为下述几种：

第一，卷入事件报道过程，用户生产内容作为报道的一部分。进入 Web2.0 之后，社交媒体兴起，技术作为中介，释放了用户的表达能力和表达欲望，用户生产内容汇聚于社交媒体平台。新闻事件发生后，当事人往往将社交媒体作为自己

---

① 王敏：《数字化驱动下新闻生产惯习的改造、嵌入与重构——基于澳大利亚互联网报纸“Brisbane Times”的考察》，《新闻记者》2016 年第 12 期，第 19—25 页。

的发声渠道，而一些知晓事件者或者在事件发生现场的网友也习惯于发一条微博或上传一个现场视频。从一定意义上来说，用户与新闻记者共享了新闻现场，共享了新闻事实资源，这些传递事实的图文微博或视频将传统媒体时期应由媒体报道的事实实时传播出去，冲击了媒体的独家报道，甚至于让一些没在现场的媒体失去了第一现场。短暂的惊呼之后，媒体渐渐习惯于和用户一同报道新闻事件。媒体融合转型之后，媒体设置了“两微一端”，面向移动互联网传播新闻，与报纸、电视大屏等传统媒体端不同的是，媒体在社交媒体账号往往主动与用户连接，并借助用户生产的内容完成新闻报道。首先，一些媒体经核证后会使用用户发布在社交媒体的内容，例如娱乐报道中直接引用某明星发布的微博。其次，在一些新闻事件中，媒体会主动联络用户，征集目击者或线索，例如南方都市报 2020 年 4 月在其官方微博上向网友征集抗击新冠肺炎疫情的故事线索，搜集到有价值的线索之后，记者再去采访。用户提供的线索被采纳之后，会激发参与兴趣，其他用户也往往喜欢这种有亲近感的故事。再次，协商式新闻生产。在一些用户有普遍兴趣的新闻事件或者是一些与用户交互程度高的媒体社交账号，出现了协商式新闻生产模式，在这一模式中用户卷入程度深，与媒体共同完成新闻报道，甚至会影响媒体报道进程。比较经典的案例是马航飞机 MH370 失踪事件的报道，2014 年 3 月 8 日，载有 239 人的马来西亚 MH370 客机失联，马来西亚官方宣布马航客机失联为人为因素，从两个地带搜索这一新信息之后，很多专业人士忧心机上乘客安危，纷纷在微博上发声献计献策。新华社记者、中央电视台新闻频道记者主动联系博友，征集办法向决策层反映，并且和一些专业网友商议记者在官方新闻发布会上提问的问题，报道进程展现为网友和媒体协商式生产的过程。

第二，作为UGC（用户生产内容）的组织者。传统媒体时期的受众是可预测的、相对固定，而新媒体用户属于积极的消费者，通过社交媒体相连，自发地进行内容生产。媒体如何面对用户的变化？提出参与式文化的学者詹金斯小心翼翼地描述了传媒业对用户内容生产的利用，“业内人士用‘扩展’概念来指代他们通过横跨不同的承载体系来调动内容传播以拓展潜在市场的行为，用‘协同’来指代他们通过拥有和控制所有这些表现形式的能力所代表的经济机会。[①]”媒体通过协作达到与生产内容的用户共赢。例如，新京报“我们视频”2020年4月面向各地网友征集春播主题相关视频作品，广告语是“发微博分享你的原创视频，并@新京报我们视频，优秀作品创作者有机会得到农技专家一对一的网络指导，还有牛排、生鲜猪肉等大奖等你拿。”2019年短视频保持高增长态势，用户生产内容短视频化成为趋势，新京报精心策划，

---

① 亨利·詹金斯：《融合文化：新媒体和旧媒体的冲突地带》，商务印书馆2012年10月第1版，第51页。

组织用户生产所需主题的短视频创作，形成一组有新京报风格的短视频。在这个案例中，用户创作的短视频被有影响力的媒体推广，扩大知名度，倍受鼓励，媒体也获得了丰富的内容。互联网空间容量巨大，传统媒体自身的产制力量有限，成为 UGC（用户生产内容）的组织者对于媒体内容生产能力是有益的补充。

第三，众包式新闻生产。众包式新闻生产是用户参与新闻生产最为突出的一种表现形式。“美国最大的报业集团甘耐特集团 2006 年进行新闻‘众包’的试验，将其旗下 90 家报纸的编辑部对所有读者开放，读者可通过网站对正在发生的新闻提供消息或意见[①]。”众包式新闻生产一度被视为媒体转型解困的方式试验和研究，但是，向智能传播迈进的新闻业遭遇的是系统性颠覆，新闻生产研究者和实践者最后也发现，众包式新闻只能作为新闻报道方式之一固着在新的新闻生产范式中。参与新闻生产的人最关心新闻生产，众包式新闻由媒体将任务分包出去，不仅为媒体拓展了可资利用的线索、内容、烦琐的服务，同时也为媒体卷入了用户的热情和品牌忠诚度。新华社“我在现场”App 也探索了众包新闻模式。在 2019 年“6·17 宜宾地震”报道中，用户报道了宜宾

① 卫蔚：《新媒体时代国际新闻“解困”之道——地方报纸“众包”报道模式探析》，《新闻记者》2010 年第 5 期，第 81—84 页。

地震的实时感受，不同的用户展示了地震发生后的不同视角，增强了新闻的现场感。

（二）用户评价影响下的议题选择

用户在社交媒体生产的内容除了个人创作以外，往往有感而发，对物品、对事件、对人物做出评价。用户评价在近年来被多个实践领域重视，一些商业公司基于在线评论的用户满意度评价对产品进行评估管理，政府部门则关注用户评论以了解民意舆情。智能传播环境下，用户评价对媒体议题选择影响很大。在数字新闻生产中，用户评价主要表现为用户数据与用户评论。用户数据包括用户阅读时长、点击、播放、点赞、转发等数据，用户评论指用户在社交媒体评论区的留言及个人账号的评论。用户评价对新闻生产的影响主要体现在三个方面：

首先，用户评价影响媒体议题选择。进入 Web2.0 时代，UGC（用户生产内容）给媒体带来的较大冲击之一就是用户影响媒体议题设置。唐纳德·肖 (Donald Shaw) 和麦克斯威尔·麦克姆斯 (Maxwell McCombs) 1972 年提出议程设置理论，议程设置理论认为大众传播可以通过新闻供给和议题安排有效地影响受众关注哪些事实、意见及事实意见的先后顺序。在网络空间之中，因为用户之间的连接，用户对事件形成互文性的分析评价，感染群体情绪，形成对某一议题的集中关注，对传统媒体的议程设置造成冲击。在新的新闻生产常规中，用户关注的议题已经被纳入新闻生产线索库。日常新闻生产中，用户评价对媒体议题选择的影响主要体现在两个方面：一是接入媒体的大数据舆情系统。目前各媒体融媒体中心多数配备了热点数据库、舆情数据库等，新闻动态的热点数据主要来源于对互联网社交媒体用户数据的采集，即用户对于各类事件的评价。融媒体指挥中心的选题会依据这些社交媒体热点决策当天的部分选题。二是各内容分发平台的热点新闻榜单。微博、微信、抖音等内容分发平台每天会更根据用户点击制作发布热点新闻排行，这个排行榜实质上起到了议题设置作用，例如上了微博热搜的新闻会影响媒体对选题的决策。

其次，用户卷入新闻话题，进而影响媒体舆论引导方式。在社交媒体平台，用户通过参与平台发布公共话题的场所(如微博超话)、社群或关系推荐等多重方式参与话题讨论，表达情感、分享意见。用户卷入话题之后，往往形成网络舆情。网络舆情改变了媒体的舆论引导方式。传统媒体时期的舆论引导是媒体引领，发表评论振臂一呼，应和者往往也是其他媒体，受众的声音很难被听到。进入 Web2.0 时代以后，媒体评论仍有品牌效应，但是新闻事件发生后，媒体评论往往被裹挟在各种意见之中。媒体的舆论引导方式也被迫转向。“读者在哪里，受众在哪里，宣传报道的触角就要伸向哪里，宣传思想工作的着力点和落脚点就要放在哪里[1]。”在众声喧哗中，媒体转而采取策略在纷纷攘攘的用户意见流中引导舆论。媒体实时发表评论，媒体的评论策划也根据用户评论随时做出反应。

再次，用户对媒体议题做评价和反馈。来自受众的评价在传统媒体时期就已被作为新闻生产的依据。报纸、广播、电视往往需要第三方调查公司做受众调查数据，新闻编辑部根据受众调查数据对新闻生产策略做出调整。智能传播环境下，用户数据化，媒体会实时根据用户数据做出新闻生产策略的调整。日常生产中，用户对媒体议题的评价和反馈经常出现在两种情形下。一是编辑部的用户数据库会记录留存用户新闻消费行为的数据，并根据用户偏好编制用户画像。二是进化的积极的用户会在社交媒体上评价，一些关于媒体报道质量评价形成舆情，倒逼媒体根据用户意见做出修正。例如，新冠肺炎抗疫报道初期，用户就对一些媒体的煽情式文风提出批评，特别是有媒体以女医生集体剃光头做典型报道，用户在微博上表达了对这种“鼓励”式宣传不满意的声音，而后媒体也逐渐修正了报道策略。

---

① 摘自2015年12月25日中共中央总书记、国家主席、中央军委主席习近平视察解放军报社时发表的重要讲话，《“平语”近人——习近平如何指导宣传思想工作》，新华网2016年2月20日，网址：http://www.xinhuanet.com//politics/2016-02/20/c_128730682.htm。

（三）用户翻转叙事框架内嵌

近年来研究者经常使用边界工作理论来观察新闻业所遭遇的冲击。“专业化的新闻生产门槛逐步被技术带来的赋权力量冲击和消解，越来越多的传播主体和技术客体侵入到新闻行业[①]。”边界的突破也带来的了新的观察视角：如何看待新闻业和入侵者的关系，如何看待两者之间的冲突和接纳。

如果换个视角来看用户生产内容，即从媒体新闻生产的角度看待用户生产内容，就会产生一些新的研究问题：用户生产的内容，例如快手上的普通人居家做饭表演、今日头条上种菜类的三农视频，在传统媒体端口存在吗？为什么这些用户喜欢看的内容在传统媒体端口没有呢？对这个问题的阐释可以回溯到媒体的新闻常规。新闻常规是媒介工作者在工作时采用的一套模式、惯例。新闻把关一般被视为编辑部最重要的工作，编辑依据编辑部的新闻价值观对新闻信息进行筛选过滤。对日常生活的记录是用户创作内容的最普遍形态，因为新闻价值不足，用户生产的内容在容量有限的传统媒体的新闻常规中属于被筛选掉的内容。但是，当互联网空间能

① 白红义，李拓：《“边界工作”再审视：一个新闻学中层理论的引入与使用》，《湖南师范大学社会科学学报》2020 年第 2 期，第 147—156 页。

容纳海量内容之后，用户不再仅仅作为新闻报道的客体，而是翻转过来成为主动的叙事者，他们上传的内容补充了传统媒体把关模式下筛选掉的日常生活叙事，弥补了新闻报道中“近城远乡”的缺憾，也兑现了草根阶层的媒体近用权。“随着移动直播平台、短视频平台、vlog 平台迅速走红，以往作为新闻报道活动客体的用户翻转叙事。翻转叙事是指叙事者和被叙事者角色颠倒的叙事，对其考察实则嵌入了多元内容生产行动者之间的互动关系。一定意义上说，新闻业危机不仅是渠道失利、商业模式坍塌，也来源于公众对竞争性叙事框架的拥趸。”①

用户对非专业性叙事框架的接纳事实上是个渐进的过程。进入社交媒体时代，UGC（用户生产内容）大量涌现，用户对内容质量的宽容度就冲击了职业媒体生产者的防守，例如用户上传视频摇摇晃晃、画面不清晰，但是由于很多来自现场，用户无障碍地接纳，初期曾令习惯于高清视频、不断升级画面清晰度的电视台感到吃惊和排斥。2014 年后，基于内容分发平台生产的自媒体爆发兴增长，注重交互和人际传播的情感叙事框架出现。用户对自媒体情感叙事框架的态度从一半拥趸，一半排斥到逐渐理性平衡地接纳。

---

① 王佳航：《新型把关模式下新闻客体的翻转叙事——以快手平台用户短视频为例》，《当代传播》2019 年第 4 期，第 59—62 页。

一定意义上说，来自用户群体的非专业性叙事框架对媒体叙事常规造成了一定的竞争压力。但是总体来看，存在互补性。在这一背景下媒体采取的因应之策是接纳和嵌入职业媒体的专业性叙事框架之中。即将用户翻转叙事的风格和传播框架内嵌入媒体报道常规，媒体开始在其一部分报道中尝试使用用户生产内容的风格和框架。例如，随着快手、抖音等短视频平台用户量猛增，以严谨权威风格著称的中央电视台也在微博、哔哩哔哩等平台上发布主持人康辉的vlog。vlog是一种记录个人生活的短视频，康辉的vlog内容是康辉跟随采访习近平主席出访希腊、巴西的新闻视频，显然是硬新闻，但以vlog形式竖屏拍摄，风格轻松，受到网友好评。再如，主流媒体的微信公众号、微博等新媒体终端创造了“暖新闻”这一文本形态，这也是自媒体情感叙事框架的内嵌。

（四）用户部落化情境下的跨平台文本丛

麦克卢汉在《媒介即讯息》一书中，用“部落化”“脱离部落化”和“重新部落化”来比喻人类社会从早期的口头传播时代、印刷媒介时代到电子媒介时代的发展。今天的用户处于多元部落化情境，移动互联网时代，人类社会重归部落化。进入Web2.0时代之后，社交媒体平台为用户“部落化”提供了空间，个性化推荐算法的信息茧房效应也带来了人际交往的怠惰与趣缘化，网民们更愿意依赖“部落化小圈子”

获得资讯，分享观点，情感共振。而不同的社交媒体平台、不同的社群，使得用户处于多元多层次的部落之中。在上述背景下，媒体针对新媒体用户部落栖息的特征采取了下述策略，新闻一次性采集，多终端多渠道发布。由于针对不同终端有标题、文本风格的调整，一件新闻作品，最后往往形成了文本丛；针对不同群体，一个传统媒体的所有文本也会切割成不同的文本丛。

在目前的实践中文本丛的生产方式有如下一些：

第一，微矩阵。媒体意识到仅有官方微博、官方微信公众号是不够的，用户部落化的特征促使媒体把微媒体做成小而美的系列。例如新京报打造了一系列有影响力的微信公众号“政事儿”“沸腾”“新京报书评周刊”“剥洋葱”“新京报评论”“理财帮”等，这些微信矩阵同时作为其 App 上的专栏，在客户端实现内容共通。这些微信公众号涉及评论、时政新闻、理财、调查报道等不同板块，不同的用户集聚在不同的微信公众号。同样，一些媒体的微博、抖音等账号也采取了矩阵的模式。

第二，跨社群内容运营。一些媒体针对用户特征，建立了不同的用户圈，即社群，不同社群的用户具有不同特性。媒体根据不同社群特征进行内容运营，例如发布在老年社群的内容往往从老年人视角出发，而在二次元青年社群，同样文本则改为更适合二次元小众群体风格的文本，例如加表情包、换成轻松语言风格等。

第三，跨平台内容运营。不同内容分发平台也正在形成不同的风格，例如哔哩哔哩以年轻人为主要用户，快手上三四线城市市民用户较多，媒体跨平台传播以使新闻触达更多用户。在不同平台，同一文本也形成了系列文本。

文本丛的出现是媒体在用户部落化情境下针对不同用户的探索。这一探索是以传播环节为导向的，目标是穿透不同部落，抵达用户。

（五）联结的“在场”：新闻报道形态创变

智能传播环境下，用户全天候“在场”，随时随地围观，永不下线，并且用户与用户之间交往、协作、情感共振……一定意义上说，用户在线的状态是一种联结的永远在场。作为一种嵌入社会的媒介化技术，手机作为移动终端曾带给媒体很多烦恼，传统媒体渠道失灵就是从手机成为超级终端开始的。如何适应新的移动终端以及新的用户新闻消费特征？媒体如何以新用户为中心叙事迁移？媒体做了很多探索，一些新的探索性的报道形态涌现。

第一，基于“在场”特性的报道形态。移动直播是基于移动直播的兴起曾引起学界业界广泛讨论，用户聚集于各类移动直播平台，创造了很多移动直播播放量奇迹。Facebook 上线直播功能“Facebook Live”后，最火的一档直播是爆西瓜——往西瓜上套橡皮筋，一根一根套，直到西瓜爆开，长达 45 分钟的直播过程，80 多万观众在线围观。“移动直播为在场者创造了不同于传统媒体时代的‘在场感’。在传统的电视直播里，除非是事件中特别重要的主角，其他参与者通常都只会作为背景出现。他们虽然在场，但却没有留下在场的痕迹[①]”。移动直播技术实际上满足了普通人的在场的欲望，普通人开始更强调“我在现场”，我是主角。移动直播越来越为用户接受之后，媒体报道也探索移动直播形式，央视移动新闻网主打产品即移动直播，在春运直播、星空直播节目中均表现不俗。

因为用户可以全天候“在场”，一些伴随性的新闻形态如慢直播出现，这是移动直播的差异版本。2020 年 2 月 2 日，经过 10 天日夜酣战，武汉火神山医院正式交付使用，雷神山医院项目也进展迅速。在此期间，央视频对火神山医院和雷神山医院建造过程进行了慢直播，24 小时不间断地呈现施工现场的实时画面。没有主持人，没有解说字幕，只有一个固定机位，若干工人忙碌工作，不快进也不切镜头。因为疫情期间的陪伴，超 1 亿网友化身“云监工”，创造了“云在场”，的媒介景观。

第二，基于 24 小时在线的报道形态探索。实时性报道是媒体进入移动互联时代以来的重大变革。为实现移动优先，媒体编辑部再造了采编流程，并探索了一整套可以实时报道的新闻报道形态，如新闻 App 推送、微博快讯、微信快讯、

① 彭兰：《移动互联网时代的“现场”与“在场”》，《湖南师范大学社会科学学报》2017 年第 3 期，第 142—149 页。

15 秒短视频等。整体来看，创新型的新闻文体向“融合”和“杂糅”变化，视频呈现越来越主流。

第三，基于用户联结互动的报道形态探索。Web2.0 之后，用户与用户之间的形成了多重互动关系，这使得交流与分享成为常态。一定意义上说，促进用户的交流与分享，就是促进新闻的传播。因而一些媒体提出内容产品化，尝试互动型文本的探索，例如互动视频、H5、新闻游戏等。这些作品吻合网友轻松、戏谑、互动的网络连接状态。

当然，上述报道形态创新只是举要，新闻报道形态创变的推动力除了用户更迭以外，还有很多其他因素，例如数据新闻的出现始于信息公开化及数据挖掘、数据可视化技术的出现。

二、基于平台关系的新闻生产创新

“社交平台和技术公司向新闻业领域的进军意味着平台新闻业的崛起，它在便利了新闻用户消费新闻的同时，却对新闻机构造成了巨大影响，旧有的传播权力格局正在发生着重大变化。[①]”对旧有的新闻业传播权力格局冲击最大的是平

---

① 白红义：《重构传播的权力：平台新闻业的崛起、挑战与省思》，《南京社会科学》2018 年第 2 期，第 95—104 页。

台。平台与新闻生产机构的关系重构新闻生产。

这一部分我们着重讨论基于媒体与平台关系的新闻生产创新。首先要从媒体的角度出发透视一下媒体与平台的关系。在以平台新闻业为特征的新的新闻业生态系统，新闻生产与新闻分发分离。采纳智能推荐算法的内容分发平台成为新闻业的基础设施。媒体成为跨终端分发的内容生产集团。作为内容生产行动者，实力雄厚的新型主流媒体集团既是内容分发平台，也面向商业性的内容分发平台生产和传播，例如新华社客户端和人民日报客户端都是聚合了不同内容生产者内容，采纳主流媒体算法的内容分发平台，同时也在今日头条、微博、微信、快手等内容分发平台建立账号跨平台分发新闻。其他没有建成内容分发平台的媒体机构则主要是利用两微一端等面向移动互联网生产与传播。在这一格局下，我们讨论的媒体与平台的关系主要是指媒体作为用户作为获取信息的主要渠道的内容分发平台与媒体作为内容生产者的账号的关系。媒体与平台之间的关系既有对抗又有合作共赢。

基于平台关系的新闻生产有如下创新：

（一）算法驱动的新闻生产

基于平台关系的新闻生产已经转变为算法驱动下的新

闻生产。喻国明等认为,“算法,作为人工智能的底层逻辑,通过对海量数据的挖掘分析、找寻并建立复杂要素间的关系,遵循‘海量内容—用户需求—多维场景’的基础逻辑,为用户构建更加贴合沉浸的场景。从数据智能到满足特定用户需求,如何能在无缝融合之后,创造崭新的用户体验,这是算法的终极任务,也是其本质所在”。目前我们处于智能传播初级阶段,人工智能技术将在重构的新闻业生态系统赋能。未来随着 5G、物联网技术继续发展,内容网络、人际网络和物联网络三者将相互连接并且融合。作为人工智能新闻业的底层逻辑,算法也在不断优化。算法驱动下的新闻生产逻辑完全重构,智能传播环境下的新闻生产最终将呈现出颠覆性的新图景。

现阶段,算法驱动的新闻生产呈现出如下几个特征:

第一,算法推动内容聚合。算法分发技术更适合于海量内容分发,内容池中有足够的内容能更有效率地分发和实现“千人千面”。一定意义上说,算法分发技术是由于互联网内容海量这一需求诞生的技术,但是反过来又促进内容海量。内容分发平台都曾把内容聚合作为最重要的战略。今日头条在内容聚合阶段曾花费不菲地扶持创作者,例如在 2017 年今日头条创作者大会上,今日头条提出 400 亿流量扶持计划,用于扶持“微头条”作者,并启动广告分成、千人万元签约、商品功能等内容变现措施,用以帮助平台上的内容创作者获得报酬。在 2017 年这一年，今日头条上头条号总数已经超过 120 万，平均每天发布 50 万条内容[①]。腾讯天天快报同样花费重金吸纳创作者，腾讯在 2016 年 3 月的芒种 1 期宣布对腾讯天天快报自媒体补贴 2 亿元，2019 年的补贴是 12 亿元，其中 10 亿元直接补贴给内容创作者，另外 2 亿元将投资给那些优秀的内容创业者[②]。随着媒体融合深化，一部分主流媒体正在转型为平台型媒体，正在聚合价值观相同的内容，例如人民日报社全国党媒平台主要聚合全国范围内主流媒体内容。为满足算法对内容池的数量积累需求，转向平台型媒体的新闻机构也从生产者转为生产者和传播者。新闻业仍在平台化的进程中。

第二，算法分发以数据化的用户评价改变媒体新闻生产常规。算法推荐技术作为内容分发平台的基础设施，改变了新闻传播的逻辑，新闻传播环节的改变反过来影响新闻生产常规的变革。在采纳算法推荐技术的内容分发平台，用户的一切内容消费行为都是数据化的。点击量、播放量、点赞率、转发率、用户评论、转化率等用户数据被内容分发平台或第

---

① 澎湃：《今日头条创作者大会，千名代表参会探讨内容创新》，2017 年 11 月 22 日，网址：https://www.thepaper.cn/newsDetail_forward_30020。

② 企鹅号麒麟体育报道：《腾讯第 2 期补贴猛增 500%：企鹅号将不会有怀才不遇的人，这些你清楚吗？》，2019 年 11 月 7 日，网址：https://cloud.tencent.com/developer/news/469608。

三方数据公司用于评估内容生产者或内容质量，而广告主则往往依据这些数据决定广告投放。这一背景下，媒体不得不重视用户数据，并因此改变新闻生产习惯。在很多新闻机构的融媒体新闻中心，指挥台前设置的大屏幕，全天候播放新闻效果数据，例如点击量、播放量等，在很多新闻机构的绩效考核中，点击量、全网播放量等数据被作为绩效考核的一个因素。用户数据压力使得媒体在新闻生产过程中从选题、标题制作、稿件风格等多个环节做出调适。用户数据是柄双刃剑，一方面，媒体调适新闻生产常规以推进以用户为中心的新闻生产，有益于新闻媒体获得社会效益和经济效益；另一方面，过于重视用户数据带来了内容的娱乐化倾向，也被社会各界诟病。

第三，平台以算法引导媒体新闻生产方向和策略选择。内容分发平台出于经济利益、社会声望等因素的考虑，经常调整算法。而平台算法的调整对内容生产者有很大影响，因为内容生产者在内容生产过程中往往因应算法，探索了一整套内容生产策略。事实上，平台算法对内容生产者的生产方向形成了引导。例如，Facebook 于 2018 年宣布调整算法，减少新闻内容和网络视频的推荐数量，让 Facebook 增加社交氛围，回到其作为亲朋好友交流平台的初衷。Facebook 算法调整的动因是其在此前两年因假新闻、干扰美国大选等社会舆论问题，但是算法调整严重打击了新闻业，一个月之内很多媒体访问量暴跌，一些网站宣布倒闭停业。[1] 在国内，今日头条等内容分发平台希望增加平台上移动直播、短视频等类别的内容时，也会增加这一类别的推荐权重，而内容生产者为了获得更好的推荐量，也往往会增加这一类别内容的比例。

第四，算法驱动媒体从注重生产开始转向既重视生产也重视传播。“从行业链条上看，新闻机构从早期的新闻生产者和新闻传播者转变成单纯的新闻生产者，平台媒体接管了新闻的传播权力[2]”。新闻生产与新闻分发分离是新闻业生态重构之后最主要的特征，也是媒体重新调适生产逻辑的最重要的起点。因为智能分发平台使得用户数据透明化并成为广告主等投放广告的依据，媒体也从传统生产方式中单纯重视新闻生产，转为开始重视新闻的传播环节。很多媒体，减少了内容编辑岗位，增加了内容运营岗位，甚至一些媒体取消了编辑职位，全部改为内容运营岗位。内容编辑岗位和内容运营岗位的工作内容在选题策划、图文、视频制作等环节基本接近，不同的是内容运营岗位增加了对内容传播环节的促进和管理。即内容运营需要根据内容在平台的传播状况调整策略。事实上，如果内容运营要取得良好的效果，会将传播环节前

---

① 晨曦：《Facebook 用户访问时间暴跌 24% 因算法调整和审美疲劳》，腾讯科技 2018 年 3 月 19 日，网址：https://tech.qq.com/a/20180309/025429.htm。

② 白红义：《重构传播的权力：平台新闻业的崛起、挑战与省思》，《南京社会科学》2018 年第 2 期，第 95—104 页。

置，即在选题策划、标题制作等环节即开始考虑后期传播效果。在国外媒体岗位设置中，没有“内容运营”这个概念的同义说法，相应工作内容设置的岗位叫受众拓展编辑、社交媒体编辑等。白红义对国外学者此类研究做了梳理，国外媒体同样开始重视内容在社交媒体的传播。“Ferrer — Conill 和 Tandoc 把受众拓展编辑、社交媒体编辑和受众编辑统称为受众导向的编辑，这些不同称谓的编辑岗位是新闻室内出现的一种新兴编辑角色，他们致力于发掘受众数据和理解受众行为，职责就是探索如何让生产的内容与受众的需求相互匹配。[①]”对新闻传播环节的重视显示了媒体对算法的逐渐接纳，人民日报社新媒体中心主任丁伟认为“算法推荐虽然不能决定内容，但会决定内容分发的路径、速度和效率。从趋势上看，算法不单是一种技术，更是信息传播的一种方法论。[②]”

毋庸置疑，进入平台新闻业之后，算法对新闻生产有重要影响。关于算法，学界和业界均有很有批评的声音，例如算法导致了新闻业公共性危机等。本书会在第七章对相关问题详细讨论，这里为了防止偏颇，避免读者阅读时产生误读，先简单提及。

---

① 白红义：《点击改变新闻业？——受众分析技术的采纳、使用与意涵》，《南京社会科学》2019 年第 6 期，第 99—107 页。

② 燕帅：《丁伟：新媒体内容生态演进的 8 个方向》，人民网传媒频道 2018 年 9 月 10 日，网址：http://media.people.com.cn/n1/2018/0910/c14677-30284175.html。

（二）新型把关模式

基于平台的新闻生产最编辑部新闻生产常规冲击最大的是把关机制。在传统媒体编辑部,编辑分很多层级,版面编辑、版面主编、版组主编、主编……不同层级的编辑有不同的权限,事实上这些权限的不同就是不同级别的编辑可以对哪些范围的内容把关。编辑部内部的层层把关机制减少了错误，同时根据编辑部的新闻价值观对新闻做出了突出或弱化，是媒体实现议程设置的关键步骤。进入平台新闻业，在采纳算法推荐技术的内容分发平台，算法推荐替代了人工把关，有媒体惊呼“总编辑已死”。

社会心理学家勒温（Kurt Lewin）1947 年提出了把关人理论，而后把关研究成为一个热门的研究领域，学者们采用各种方法研究新闻生产的把关机制，以多重维度解释谁在把关，影响编辑部的把关因素等问题。20 世纪 90 年代，帕梅拉·休梅克提出了一个五层次的把关模式，这一模式中个体、新闻常规、组织、社会体制、社会制度等都被列为影响把关的重要因素[1]。然而，在智能传播阶段，算法冲击了传统的把关人理论。帕梅拉·休梅克针对社交媒体时代的把关提出了新的

① Shoemaker, Pamela J. 1991. Gatekeeping: Communication concepts 3. Newbury Park, CA: SAGE.

模型，“在社会化媒体时代，把关不再是一个直线型流程，而是一个社会化媒体与大众媒体相互作用、信息在多元渠道充分流动、众多传播者交互的一个复杂系统。[①]”帕梅拉·休梅克认为社交媒体超级把关系统其实由人设计的算法和用户共同来把关，社交媒体超级把关系统由媒体与新闻工作者共同把关，社交媒体超级把关系统和大众媒体把关系统存在着互动关系。

智能传播环境下，新闻生产常规突破，新闻生产如何应对新型把关机制?

第一，在新闻生产中尝试从“把关”到“看门”。陆晔、周睿鸣两位学者对澳大利亚学者布伦斯（Bruns）的观点进行了引介和阐释，布伦斯认为新闻实践从“把关”（gatekeeping）转向了“看门”（gatewatching）。传统新闻生产重在“把关”，新闻从业者对新闻信息展开核实与筛选，并按新闻价值观呈现新闻的顺序和分布。新技术打破这一新闻常规，新闻机构不再用“把关”来“剔除次重要内容”，而是用“看门”来从海量信息中“强调更重要内容”。这一理论对媒体实践有很多启示：用户生产内容呈现出很多不同于传统媒体把关的议题和框架，在发布空间可以容纳海量内

---

① 中国人民大学新闻学院Ruc新闻坊:《休梅克:社会化媒体时代的“把关”|讲座回顾》，2019 年 3 月 23 日，网址：https://www.sohu.com/a/303360282_649502。

容的情况下，媒体从以往人工把关的精选变为海量内容之中汰劣。

第二，新闻编辑部尝试混合把关制。智能传播环境下，信息过载，单纯获取新闻资讯已经远远不能满足用户需求，算法相当于一个采用人工智能技术的信息过滤器，根据用户画像筛选对用户有用的信息，个性化和定制化是其特点。算法推荐模式的优势是对用户数据有精准洞察，但是劣势是唯点击量论英雄可能会造成新闻娱乐化、低俗化；人工推荐模式的优势对内容质量可以坚持编辑部的新闻价值观标准，但是内容有时并不适合网络用户。很多媒体编辑部综合两者优势，采取了混合把关机制。例如，纽约时报两者结合，在编辑部增加了机器人编辑，机器人编辑熟悉用户数据，能够选出社交媒体平台用户喜欢的内容，由机器人编辑粗选，人工编辑在机器人选稿基础上定选。国内媒体也对算法推荐采取了很多制衡措施，在一些编辑部的绩效考核制度中，将点击量、播放量作为重要标准，但是增加了编辑部选择好稿件的参考标准。

（三）突破媒介形态边界

传统媒体按媒介形态进行报道疆土划分，不同的受众按照自己兴趣从报纸、广播、电视、杂志获取新闻。在内容分发平台，报纸、广播、电视、杂志等不同媒介形态的媒体设置账号发布新闻，这些媒体变成了同一形态的数字媒体。对于媒体来说，这一状况值得担心。首先，新闻竞争成了跨媒介的新闻竞争。例如，报纸和电视线下不存在竞争关系的媒体在内容分发平台之上成为竞争者。其次，在内容分发平台，不同媒介形态的内容也存在竞争关系。换言之，用户获取新闻不是以视频、文字这种媒介形态来划分边界的，例如不论视频还是图文快讯，首发的突发事件消息阅读量最高。这一背景下，媒体如何调适新闻生产？

第一，跨界生产，媒体转变为全媒体内容生产者。从前按照媒体介质划分新闻生产机构在各内容分发平台的账号开始跨界生产，例如《新京报》，原本是北京地区都市报，但是在各内容分发平台，《新京报》颇负盛名的是其视频报道账号“我们”，“我们视频”是专注新闻领域做移动端新闻直播和短视频的报道团队，以时政社会热点重大事件为主，目前有视频记者 100 人。随着媒体融合转型，传统媒体集团尽管仍术业有专攻，保留了原来生产优势，但是都在尝试转型，报纸、广播、电视等均已转变成能生产图文、视频、H5 等多种内容形态的全媒体新闻生产机构。2019 年 1 月 25 日，中央政治局 1 月 25 日上午就全媒体时代和媒体融合发展举行第十二次集体学习。“习近平总书记在主持学习时强调，全媒体不断发展，出现了全程媒体、全息媒体、全员媒体、全效媒体，信息无处不在、无所不及、无人不用，导致舆论生态、媒体格局、传播方式发生深刻变化，新闻舆论工作面临新的挑战。[1]”“四全媒体”的提出被视为媒体融合深化的新目标，全国媒体开始了新一轮媒体融合建设。其中“全息媒体”是新闻的呈现形式愈加立体多元，如图文、视频、游戏、AR 等。因而在媒体机构在“四全媒体”建设过程中着重提出要跨界，例如光明网副总经理宋乐永提出“克服技术恐惧心理，及时学习、掌握融媒体制作技术，包括视频拍摄、视频剪辑、动画制作、直播、H5 等技术；有用至上，实现从宣传向传播的角色转化；工作量考核从内容制作向内容制作和传播力并重[2]”。

第二，融合新闻报道常态化生产。由于图文等常规报道在内容分发平台相对常态，在激烈的新闻竞争中，媒体开始尝试在内容表达形态上创新。如何生产适合于手机等移动终端的内容？如何让用户在手机端阅听感到丰富及有良好的用户体验？融合了图文、音频、视频、互动技术等多功能一体化的融合新闻报道应运而生，并时时刷屏，爆款不断。跨越介质的融合新闻报道因侧重点不同，实际上又可以划分为很多

---

① 新华社：《习近平：推动媒体融合向纵深发展 巩固全党全国人民共同思想基础》，2019 年 1 月 25 日，网址：http://www.xinhuanet.com/politics/leaders/2019-01/25/c_1124044208.htm。

② 王宛璐、张向恒：《大咖开讲！“四全媒体”时代的“智”与“融”》，中国江苏网 2019 年 11 月 10 日，网址：http://www.js.xinhuanet.com/2019-11/10/c_1125214836.htm。

种类型，如新闻游戏、创意短视频、H5、数据新闻、VR 新闻、无人机报道等。这些融合新闻从初期的昙花一现，偶尔露峥嵘，已经逐渐成为常态，在媒体的移动端精品型新闻报道策划时，融合新闻报道替代了传统媒体时期的专版、专题。2018 年中国新闻奖首设媒体融合奖，这一奖项的设置成为媒体跨界创新的推动力，很多媒体新媒体部门把融合新闻的创作机制化。

（四）“后真相”时代的新闻核查

“后真相”（post-truth）被《牛津英语词典》选为 2016 年的年度词汇，定义为“诉诸情感及个人信念，较陈述客观事实更能影响舆论的情况”。2016 年 12 月 6 日，《纽约时报》刊发一篇观点文章《“后真相”时代，谁来定义假新闻？》，在这篇文章中作者提出了一个发人深省的观点：“真正的变化不在于新闻造假，而在于旧有的新闻守门人丧失了权力。它们定义什么是新闻、什么不是新闻的能力也受到了侵蚀[①]”。这篇文章的观点反映了平台新闻业因为传播权力转换的产生令人焦虑的结果。学者胡翼青对后真相社会给予了更为透彻的阐释：“公众只需要那些符合其推测的‘真相’；公众对于

① 《Post-truth ｜“后真相”的真相》，纽约时报中文网 2016 年 12 月 7 日，网址：https://cn.nytimes.com/culture/20161207/tc07wod-post-truth/。

传播者的诚意看得比真相更重要。究其原因，从时间维度来看，社交媒体以更为迅捷的速度终结了大众传媒在真相上的垄断性，但又无法因碎片化的信息而成为真相的代言人。”[①]这个观点非常简明扼要地阐释了在后真相社会专业媒体提供真相之难。一定意义上说，职业媒体最核心的功能就是环境监测，为社会提供真相。后真相社会，媒体如何传达出新闻真相？

应该说，后真相社会传播真相之难恰恰是职业媒体体现自身价值的关键时刻。近年来职业新闻生产机构最重要的探索之一是对基于平台传播的新闻真相的努力。

第一，倡议从断言式新闻回归确证式新闻传统。断言式新闻主要指记者在获取信息的第一时间就进行报道，而后在不断滚动的事实中最终形成真相的一种新闻报道方式。这种报道方式产生于全天候的直播新闻生产中，是数字媒体时效性的表征。研究者认为新闻从业者“在报道中一味地进行判断，提供结论，却不为此列举相应的证据，导致的结果就是曾经被称为新闻原始素材的东西，被直接传递给了受众”[②]，这种状况是过于重视媒介技术与速度至上造成的结果。在假新闻困扰之中，一些媒体提出要重归确证式新闻传统，强调准确

---

① 胡翼青：《后真相时代的传播——兼论专业新闻业的当下危机》，《西北师大学报》2017 年第 6 期，第 28—35 页。

② 陈嬿如、谢欣：《断言式新闻——媒介技术驱动下的新型新闻模式研究》，《国际新闻界》2019 年第 5 期，第 80—92 页。

和证据。一些媒体则提出利用新技术做确证式新闻。如北京日报曾提出媒体融合背景下，应运用互联网思维、大数据技术以及实证方法做循证式新闻。

第二，探索事实核查式新闻。事实核查式新闻是后真相时代重要的新闻样式探索，发轫于美国，初始是媒体自查，例如纽约客设置了事实核查部，2011 年以后，华盛顿邮报的事实核查栏目较受关注。进入社交媒体时代，用户生产内容，机器人也生产内容，假新闻开始批量出现于社交媒体平台，专门的事实核查机构诞生，这些事实核查机构由高校机构、记者团队、NGO 等创建，既有专业的新闻工作者参加事实核查，也有民间专业人士参与。独立的事实核查机构也与媒体有密切合作关系。随着技术快速发展，事实核查主要依赖于技术手段来核查解决假新闻的问题，例如 Storyful 主要利用程序为新闻机构提供新闻事实核查服务。在国内,腾讯创办了《较真》栏目，是一个致力于新闻查证的全民平台，目标是对各种假新闻、缺陷新闻、谣言、钓鱼贴、营销贴进行查证和快速打击。较真平台采用邀请和推荐机制平台查证员，让专业人士加入进来，以使各类谣言验证更客观和科学。

三、基于内容生产行动者互动关系的新闻生产创新

新的新闻业生态系统中最令人瞩目的变化是多元内容生产

行动者共生，自媒体、政务新媒体、商业机构新媒体等均开始生产内容，并且来自 PGC（专业生产内容）的内容质量与传播方式都可圈可点。如何在多元内容生产行动者共生的环境下做新闻，这对于媒体而言是新的挑战。

如第三章所述，2014 年之后，新闻业进入一个新的阶段。2014 年之后，采用智能化推荐技术的内容分发平台崛起。在内容分发平台之上聚合了多元内容生产行动者。媒体借船出海，建立多平台账号，面向内容分发平台分发内容。政务新媒体、商业机构新媒体、企事业单位新媒体、创业类自媒体……也驻扎内容分发平台，向内容分发平台分发内容。尽管媒体仍然是内容分发平台重视的有专业能力的内容生产者，但是在内容分发平台之上媒体与其他多元内容生产者拥有同样的生产工具，面对同样的用户。

事实上，多元的内容生产行动者之间会产生互动关系。例如，政务新媒体与媒体之间形成了竞合关系。传统媒体时期，政府机关是媒体稳定的权威的优质信源，媒体依靠跑口制度来维系。但是随着政务微博、政务微信、政务抖音号规模化发展，媒体与政府机关之间的关系就发生变化，一个显而易见的问题是：政府机关的首发新闻交给政务新媒体还是交给媒体？不同的政府机关与媒体的关系不同，出现的复杂情况是一些政府机关优先发给媒体，一些政府机关只在自己的政务新媒体权威发布。

对于媒体而言，液态的、网状的连接关系形成，当新闻事件发生，不再有稳定固态的媒体与用户、媒体与采访对象的关系。媒体进入了一个流动的状态，用户是媒体新闻报道的消费者，同时也会是新闻报道的目击者、当事人、评论者，采访的机构是媒体的信源，同时也会自行发布内容，是潜在的竞争者。智能传播环境下，液态的网络连接关系更为复杂，同行的内容生产行动者之中还会有机器内容生产者。

媒体如何基于互动的多元内容生产者之间的关系调适新闻生产常规?

（一）作为策展人的创新实践

当新闻信息被多元内容生产者消解成碎片化的状态，媒体编辑部被迫突破新闻生产常规，跟随网络时间线，将新闻报道打碎成碎片式的报道进程。这一背景下，新闻媒体的优势也被消解。当新闻事件发生，首发消息可能来自用户生产内容，例如目击者上传微博视频；推进事实进展的当事方回应可能来自政务新媒体的权威发布；优质新闻评论可能来自意见领袖。换言之,整个事件中媒体可能一直在陪跑,却没有显著的竞争优势。因此，新闻策展被作为媒体在这一困境中的解困方式。

新闻策展是指“职业新闻人、消息来源、公众等角色在新闻的发布、选择、排序、评价各环节即时互动的协作”。[①]陆晔、

① 陆晔、周睿鸣：《新闻生产转向“策展”模式》，中国社会科学报 2016 年 7 月 7 日，网址：http://ex.cssn.cn/zx/bwyc/201607/t20160707_3102014.shtml。

周睿鸣两位研究者认为经由职业新闻人、消息来源、公众共同参与的新闻“策展”，不是职业记者生产的新闻文本，而是多重文本构成了一个集合体。事实上在来自新闻编辑部的新闻策展实践中，这一多重文本构成的集合体，一定意义上是编辑部聚合多元生产者内容的专题策划，其中渗透了编辑部的主题策划框架。媒体在多元内容生产者共生的环境下，采取对不同生产者的叙事框架包容嵌入的方式挑选内容并策展发布。新闻策展方式既满足新闻生产者的专业化色彩，同时也聚合更多信息，媒体称为节点型主体，成为为用户精选新闻的入口。

智能传播环境下，新闻策展的方式更为多样，在一些采纳智能推荐算法的内容分发平台或提供新闻数据监测服务的技术公司，新闻策展并以算法自动执行，即聚合同一专题之下的新闻和评论，例如“两会报道”，数据自动抓取技术将此主题的新闻聚合布展，布展排序的方式可以设计为不同维度的算法。当然采取算法自动执行的新闻策展没有人工编辑策展的方式精选，亦不能够凸显编辑部的价值判断，未来较为常用的方式应该是人机协同的策展模式。

（二）新闻生产者的再专业化

在多元内容生产者共生的阶段，对于新闻生产机构来说，做出差异化优势的关键是专业化。在熙熙攘攘的碎片化信息之中，各类内容生产者提供的都不是专业化的内容，特别是在新闻生产中，媒体仍有压倒性优势。一些媒体的创新策略是坚持做更专业化的新闻生产者。首先，专注新闻生产，提升新闻质量，从新闻生产者转变为新闻供应商。媒体融合以后，一些媒体提出从新闻到内容，新闻编辑部产出的不仅是新闻，还有资讯、影像、智库报告等各类内容。但是也有媒体认为多元内容生产者共生的阶段，新闻生产机构只有在社会公共生活中具有特殊意义的“新闻”领域才具有优势，应专注于新闻生产。例如，财新传媒在2017年宣布采取付费阅读策略，财新传媒以优质严肃的财经新闻取胜。而国外媒体如纽约时报等早就开始实行付费墙，目前“纽约时报拥有超过290万数字订阅用户，订阅用户总数(包括印刷版与数字版)达390万，已形成的订阅基础可以提供公司将近三分之二的总收入[①]”。同样专注于做移动端新闻供应商的新京报2018年全年版权收入有4000万元，目前新京报记者团队中仍保有50名调查记者。无论《纽约时报》《财新》还是《新京报》均以优质新闻取胜，叙事形态、策略等变化不大。其次，基于政务新媒体等其他内容生产者的竞争，媒体新闻生产应探索数字新闻生产的专业化。传统媒体时期延续的新闻生产常规正在遭遇多元内容

① 全媒派：《同样做付费，为什么纽约时报能起死回生？》，腾讯企鹅号2018年8月29日，网址：https://new.qq.com/omn/20180829/20180829A0AX8T.html。

生产者环境的冲击。例如媒体对于政府机关等权威机构信源的报道方式，原本以发布通稿为主，发布告知性的消息，但是目前政务新媒体发展迅速，已经具备跨平台发布政务信息的能力，这类告知性的消息往往先于媒体发布。特别是政务新媒体也入驻了主流媒体平台，如南方号等，媒体需探索后平台化的新型生产方式。

四、小结

本章以"媒体—用户""媒体—平台""媒体—其他内容生产行动者"三种连接关系为框架，从微观层面对媒体的新闻生产创新实践进行了梳理。从互联网 + 到 AI+，新闻业生态系统重构，媒体在叙事框架、报道形态、生产策略等各个层面都在进行创新实践。在新闻业，尽管从业者面临收入下降、技能转型、竞争压力激增等多种不利因素，但是行业内创新多于等待。

整体来看，新闻业对来自新的新闻业生态系统内平台、算法及其他行动者的新闻生产常规采取了包容、接纳的框架，编辑部通过各种规训手段，如日常采编流程、业务培训、改革绩效考核制度等方法促使新闻工作者能快速适应新的变化，并逐步探索新的新闻生产常规。

第六章

智能传播环境下的新闻分发

本书研究智能传播环境下的新闻生产这一议题是为了探讨新闻业如何能更理解及转向智能化。但是对于媒体而言，智能化不是简单的转型。"'转型'一说的视点正是落在了单独的媒介上，无论对新还是旧都是如此，从而把丰富的且充满张力的格局意义上的媒介变革，有可能化约为一种媒介对另一种媒介的主动采纳和占有。[①]"媒体智能化是要进化为智能传播环境下的新型主体——智能媒体。

智能媒体不仅意味着采纳智能化技术进行新闻生产，也意味着能够借助智能化技术进行智能化传播。事实上，新技术令新闻业颠覆性变革发生最早及最猛烈的领域是在新闻的传播领域。以传者为中心的传统媒体分发渠道显然已经不能适应迭代到2.5版本的用户。如何让优质的新闻能够恰如其分地抵达用户？这是本章着重讨论的内容。

① 黄旦:《试说"融媒体"，历史的视角》，《新闻记者》2019年第3期，第20—26页。

一、新闻分发的渠道危机与探索

毋庸置疑，新兴媒体的发展给传统媒体带来巨大冲击。在过往的新闻业实践中，我们在新闻业危机话语中听到的最多的是报纸发行量下降、电视关机率上升、广播收听率下滑……受众的流失是传统新闻业不得不持续面对的困难。受众流失带来的直接问题是渠道失灵，而后产生了一系列系统性危机。

渠道失灵给新闻业带来的危害体现在多个层面。首先，经济困境。渠道失灵引发了媒体的盈利危机，新闻机构裁员、记者离职、报纸关闭、媒体营收下降等是全球性的危机话语。新媒体对传统媒体渠道的冲击令新闻业感到焦虑。其次，公共性的失落。研究者认为，平台新闻业的智能算法解构了公共性。例如姜红、鲁曼认为“传统新闻业的价值基础是精英主义的，新闻专业主义正是精英立场的职业话语转换。新闻专业主义视公共利益、公共服务为最高追求[①]”；而商业利益趋利避害让算法远离公共性。公共性的失落缘由可以从两个方面来理解：一是算法推荐为技术手段的平台消解了媒体权威信息的议程社会设置能力；二是自己渠道的式威使得传统

---

① 姜红、鲁曼：《重塑“媒介”：行动者网络中的新闻“算法”》，《新闻记者》2017 年第 4 期，第 26—32 页。

媒体的新闻传播受到阻碍。再次，媒体社会信任度下降。在多元内容生产者共生的平台新闻业，媒体生存在众声喧哗之中，其权威性下降。

新闻业做了很多渠道层面的探索以提升传播力、影响力。

第一，改善和拓展自主可控的渠道。在传统媒体渠道受众流失的情况下，媒体尝试面向互联网生产和传播。例如湖南卫视，"先后成功开发出芒果TV视频网站、芒果互联网电视、芒果TV的移动客户端（含平板电脑版）、芒果TV的PC移动M站、芒果TV的PC客户端、芒果TV的手机电视、湖南工PTV等共计七大传播方式下的十多种产品或品牌集群。建立了一个以芒果TV为核心品牌的视频终端及内容生态圈的'一云多屏'立体传播体系。"[①]在娱乐市场占有重要地位的湖南卫视通过上述策略实现了让其娱乐内容多终端抵达用户。此外，一些媒体在拓展新渠道的时候，仍发挥传统媒体终端的品牌优势，例如山东《半岛都市报》抓住中小学生需要增加文字阅读的契机，开展"报纸进班级"活动，仅小学已覆盖师生4万余人。媒体对新旧媒体终端双轮拓展增加了新闻与用户的触达界面，增加了媒体内容的触达率，新华社、央视影音等移动App的用户自主下载量均已过亿。

---

① 粮宁：《"芒果TV"的实践对媒体融合发展的启示》，《视听》2017年第12期，第17—19页。

第二，借用新媒体平台分发。除了建设自主可控的渠道以外，传统媒体集团借船出海，在社交媒体、各类内容分发平台上建立社交媒体矩阵，借助各类新媒体平台分发内容。例如，人民日报突破单一的报纸传播方式，借助微博、微信和新闻客户端新媒体，形成了多维化、立体式的传播矩阵。目前网上“人民日报”已经覆盖几个亿的用户。人民日报新闻不仅传播更广，也提升了舆论引导能力和公信力、影响力。仅 2020 年 1—3 月抗疫报道以来，因抗疫新闻备受关注，“人民日报新媒体用户增长 4855 万，增长幅度远远超过日常水准，其中人民日报微博粉丝增长 1157 万，人民日报微信公众号关注人数增长 275 万，人民日报客户端新增下载量超过 215 万，抖音账号粉丝增长 2357 万，快手账号粉丝增长 850 万。[①]”

第三，平台化。增加服务能力，实现影响力、新闻传播力、盈利能力多赢。宋建武提出媒体深度融合就是主流媒体的互联网化，即主流媒体平台化、移动化和智能化，最终成为社会运营的枢纽，治国理政新平台。[②]在国内媒体平台化的探索中，至少形成了五种不同的模式。例如湖北广播电视

---

① 人民网百度官方账号：《4855 万超常规“增粉”人民日报新媒体究竟有啥“料”》，网址：https://baijiahao.baidu.com/s?id=1661097120184766294&wfr=spider&for=pc。

② 宋建武、黄淼、陈璐颖：《平台化：主流媒体深度融合的基石》，《新闻与写作》2017 年第 10 期，第 5—14 页。

台打造“长江云”，在在湖北省政府支持下通过“新闻＋政务＋服务”的发展策略，“与湖北省内各市、州、县、区上百家媒体合作，建设了117个‘云上系列’移动客户端，汇聚全省各地网络和两微一端产品8112个[①]”。浙江日报报业集团则采取新闻＋服务的方式，建成了浙江省的“政务淘宝”。传统媒体的平台化实践使得国内建成了一批主流平台型媒体，打破了市场化运作的内容分发平台垄断的局面。目前数据已成为国家基础性战略资源，主流平台型媒体与政府进行了政务数据等方面的合作，这使得主流媒体的媒体功能转化，一定意义上成为治国理政的平台。

这些探索对于提升媒体传播力、引导力、影响力、公信力具有重要意义，也是国内媒体数字化转型走出困境过程中探索出的中国特色道路，初见成效。但是，应该看到的是：智能化传播阶段，媒体能否转型成为智能化媒体，能否重建与用户的连接，仍是巨大挑战。媒体渠道建设的探索实践仍存在很多关键性问题。第一，媒体面向新媒体触达很多用户，但是媒体对于这些用户的认识不充分，没有实现经营用户。一方面，这些用户散落在不同的内容分发平台上，媒体对于用户数据还缺少全面梳理分析。另一方面，这些用户并没有被分类转化，按照

① 人民日报社：《深度融合——中国媒体融合发展年度报告》，人民日报出版社2018年版，第28页。

忠诚度和偏好分类识别和经营。第二，新闻传播过程中公共性缺失的社会体感仍未消除。媒体的新闻传播力仍然未达到预期，媒体仍然没有和日活几个亿的超级内容分发平台分庭抗礼的影响力。第三，智能传播阶段的用户已经是迭代到 2.5 版本并向 3.0 版本迈进的用户，自我数据化及拥有一定的主体性，如何面向这些用户传播，媒体还没有充分掌握传播规律，甚至一些媒体面向新媒体进行新闻生产与传播的过程中还新瓶装旧酒，以传统媒体的发行方式传播数字内容，例如有些媒体移动 App 采取红头文件的方式要求各机关工作人员下载。

二、智能传播环境下新闻传播观念变革

如何面对智能传播阶段的用户进行传播？本章从这里开始对智能传播环境下的传播观念、传播载体、传播方式做一些探讨。

从传统传播阶段、互联网传播阶段再到智能传播阶段，新闻的传播环节发生了颠覆性变革。传统传播阶段，新闻生产与传播一体化，报社生产新闻的最后一个环节是发行，20 世纪 90 年代对发行效果的探索是自建发行公司，开展受众调查，做好有效发行。电视台生产新闻的最后一个环节是安全播出，延请专业人员对电视节目播出效果做收视率调查。互联网传播阶段，新闻生产与新闻传播两个环节未分离，媒体编辑部

主导新闻生产，互联网作为传播的放大器，但是对媒体有重大冲击，用户生产内容及用户反馈对媒体新闻生产有较大影响。智能传播阶段，新闻业进入平台新闻业，新闻生产与新闻传播分离，智能推荐算法的广泛采纳、各种人工智能技术的采用、用户的迭代使得新闻传播环节大大突破了原有的边界，呈现出如下特征：

第一，重构时空观念。“主流传播学的时空观具有明显的时间偏向性，空间被视为传播的一种障碍，等待被征服。这个偏向性在大众媒介的研究中更加突出，研究者视跨越空间快速传播之功能为大众媒介的独特优势，以至于空间以及相关元素如场景、地方等等几乎湮没不闻。”[①]新闻业进入移动传播时代以后，时空观念发生颠覆性的变化。20 世纪中下期出现的空间转向思潮进入传播学领域。学者们认为技术建构了“移动的个人空间”。作为新的媒介空间形态，移动的个人空间观颠覆了媒体传播观念。个体的各类媒介内容的捡拾、收听、收看都是在个人空间。除了物理空间以外，媒介阅听也在虚拟的精神空间（例如朋友圈）、网络社会空间（如微博公共空间）进行。“人携带媒介游走在不同空间里，在身体穿梭于不同的物理场景的同时，人置身于媒介的虚拟场

① 孙玮：《微信：中国人的在世存有》，《学术月刊》2015 年第 12 期，第 5—18 页。

景中[①]”。换言之，用户的视听习惯是在不同的空间切换，他几乎始终是移动的空间穿梭机。这意味着，相比传统社会，报纸、电视机等渠道衰退，新闻只有顺利地进入“移动的个人空间”才能获得良好的传播效果。空间是传播技术演化的一个重要维度，因应这个维度产生了场景、互联网的空间结构等概念，这些概念都被纳入新闻的传播环节，作为应当被考量的变量。

第二，万物皆媒。另一个颠覆性的观念革新是万物皆媒。智能传播阶段，由于物联网、大数据、云计算、5G 等技术的发展，我们将越过以手机为终极终端的时代。手机的终端垄断性缘于其作为移动终端的综合服务特性，而未来随时随地获取信息将不必完全依赖手机设备，万物皆媒后会出现非常多的移动设备。由于移动网络的普及，目前手机已经逐渐很少用于电话通信，未来我们置身于随时随地可以触达的屏幕，每个用户就是一个移动的 ID，智能手机作为终端的压倒性优势将逐步变弱。传统媒体遭遇新媒体冲击从传播环节开始，困顿于渠道失灵，也困顿于载体不同。传统传播时期形成的新闻生产常规是按照媒介形态，设置不同的工作岗位，形成不同的操作流程。万物皆媒不仅使得传统媒体的形态报纸、广播、电视等成为众媒体中的一部分，甚至使得媒体形态步

---

① 孙玮：《微信：中国人的在世存有》，《学术月刊》2015 年第 12 期，第 5—18 页。

入“脱媒”“无媒”或“泛媒”时代。人们可以随处获得新闻，也许是环绕的语音，也许来自手机，也许来自智能机器人，也许来自街角的一个屏幕。新闻传播的渠道发生根本性的改变。媒体的跨平台传播将进入到需要适应不同情境、不同渠道传播的时期，媒体依据媒介形态进行的生产也将不得不改变，提速媒体融合进程。

第三，从信息的传播到以人为逻辑的传播。“互联网是一种重新结构社会的力量，它的最大价值是对整个社会要素的解构、激活和重组—通过对于个人的激活，在社会要素从以机构为主体到以个人为主体的裂变的状态下连接和再连接的条件下，形成了互联网形态下的新的社会现实、市场现实和产业现实。”智能传播环境下，各种连接关系因被智能技术赋能更为深化。网络社会的新闻传播也从以信息为逻辑的传播重构为以人为逻辑的传播。这体现在两个方面：一方面，即越来越倾向于以人为节点进行传播。人在新闻传播过程中更加被关注，人的关系、人的情感、人的时间空间观念、人对信息获取的习惯乃至人的主体性、人的权利都将更为传播过程所关注。传播更关注交流是如何被解释的，而不仅仅是传播的内容。一定意义上说，人作为内嵌入传播中的节点，更接近于个人门户。而另一方面，随着智能化技术演进，人的身体被激活。新闻传播的在场与远程在场成为学界和业界关注的一个维度，例如虚拟现实技术下的传播等新的传播形态都强调人的在场。强调应该把身体纳入交流者的主体性范畴中加以考量。甚至，作为人和人工智能连接体的赛博人也被提上日程。人工智能开始扮演人的角色。“传播研究必得回归身体世界，将自身重新放置到当前智能主体的世界中，才能重建传播与人类存在的根本性关联。[①]”

第四，传播数据化。当用户使用互联网，用户就在自我数据化。智能传播阶段，整个传播过程将进一步数据化。数字新闻业发展到智能传播阶段是数据化的新闻业。“数据化是指将均匀的连续的数字比特串流结构化和颗粒化，以更开放的、用户友好的方式记录、处理和传递数据[②]。”数据化的过程就是生产者不断向市场提供更为数据友好的服务和产品。一定意义上说，智能传播过程就是智能媒体将生产数字化，产品数据化，并以数据的形式传递到处理数据的内容分发平台。内容分发平台一方面处理大量数据化的内容，另一方面用智能推荐算法推送给数据标注的用户。显然，这是个需要媒体和公众重新理解的传播过程，还需要一些时间让这个过程中的风险缓释、平抑。

---

① 孙玮：《交流者的身体：传播与在场——意识主体、身体主体、智能主体的演变》，《国际新闻界》2018年第12期，第83—103页。

② 姜浩：《数据化：由内而外的智能》，中国传媒大学出版社2017年版，第24页。

三、智能传播环境下的传播载体

研究者认为，人工智能技术正在改变传播渠道的内涵，从传播形式到形态都在发生深刻变革[①]。如同前一个问题所述，万物皆媒将颠覆我们对于传播载体的认知。

新闻信息正在变得无时不在、无处不有、无所不及。新闻传播载体将向两个方向拓展：一是随着媒介向人的感官进化，新闻传播渠道的形态也开始向“人”的感官功能拓展；二是物联网技术应用提速，万物皆媒，各类携带信息的传感器陆续登场，各种“物”也将成为新闻信息的传播载体。从技术发展趋势来看，智能传播环境下，下述传播载体将获得快速发展。

（一）智能语音

自然语言处理技术发展下智能语音应用让人类“耳朵”的功能被延伸。语音识别技术的应用由来已久，但一直没有出

---

① 张洪忠、石韦颖、韩晓乔：《从传播方式到形态：人工智能对传播渠道内涵的改变》，《中国记者》2018 年第 3 期，第 29—32 页。

现很成熟的应用，直到智能音箱被媒体试水。2016 年年底，CNBC 与 Alexa 合作，在美国和欧洲地区相继设立 CNBC 的 Alexa 语音资讯。CNBC 在 2017 年用一整年时间实现了听众翻番。“BBC 则推出了适配亚马逊 Echo 和谷歌 Home 互动广播《检查室》(*He Inspection Chamber*)，一个卡夫卡式的科幻题材有声戏剧，区别于传统听书节目，《检查室》的最大亮点在于其极高的自由度，听众可以听一段故事，然后在给出的诸多选项中选择自己的故事情节。[①]”此外，英国卫报、华盛顿邮报、CNN 和美国国家广播电台（NPR）等也在积极试验。除了智能音箱，智能语音机器人也是常用的载体。美国是目前全球智能语音设备规模最大、发展最快的市场之一，我国科大讯飞也推出以语音交互技术为核心的人工智能开放平台。

客观地说，目前智能语音在新闻业的应用还在比较幼稚的水平，主要应用在新闻播报、指令式操作以及简单的交互式语音报道的段落选择等几个层面。目前布局智能语音终端的不止于广播电台，电视台、报纸也态度积极。从战略意义来看，

---

① 腾讯全媒派微信公众号：《各大媒体试水语音助手市场，依托 Alexa 们的资讯能带飞下半场么？》，2018 年 1 月 8 日，网址：https://mp.weixin.qq.com/s?__biz=MzA3MzQ1MzQzNA==&mid=2656933185&idx=1&sn=0ec4585c741dee2ce7c88382c1c5f87f&chksm=84a7ef54b3d0664227186fa1549a033887dfeeb8c6ffe0736901ae67b9ef39e24a9958514c00&scene=21#wechat_redirect。

传统媒体布局智能语音是为了抢占未来语音交互带来的新用户。但这一传播载体的真正成熟相信需要和物联网、5G 的应用融合起来。语音应该是环绕和伴随在我们身边，无处不在，永远在线。

（二）沉浸式传播载体

“沉浸式传播是以人为中心、以连接了所有媒介形态的人类大环境为媒介而实现的无时不在、无处不在、无所不能的传播。它所实现的理想传播效果是让人看不到、摸不到、觉不到的超越时空的泛在体验”[①]。在被展望的远期智能传播图景中，人类将可进入虚拟沉浸的仿真社会。

沉浸式技术是指混合模拟听觉、视觉、味觉、嗅觉并可以交互的虚拟现实技术，因为模糊了物理世界和虚拟世界之间的界限，可以使人沉浸感。目前沉浸式技术主要被用于 VR 即虚拟现实、AR 即增强现实、MR 即混合现实（现实世界可见）类别的报道。2014 年《纽约时报》向用户配发了超过一百万副的虚拟现实纸盒眼镜，并且发布了一款展示球形短视频的 App，让用户观看《流离失所者》——一个关于三个难民孩

① 李沁：《沉浸广告模式：大数据时代的逻辑颠覆与概念重构》，《当代传播》2017 年第 5 期，第 90—96 页。

子的 360 度全景视频。2015 年 11 月，纽约时报还正式推出一款虚拟现实 App。目前 VR、AR 报道在各媒体已经广泛开展。但是由于传播环境及技术，还未进入突破期，只作为融合性新闻报道的类别存在，但是很受欢迎。2020 年 4 月，中国电信、中国移动、中国联通相继宣布在珠峰开通 5G 网络服务。中国电信携手“央视频”App 一起推出珠峰 5G 慢直播，进入“央视频”App 直播间后，分别为“珠穆朗玛峰”“珠峰大本营”“珠峰绒布寺”“珠峰 VR”，用户评论说“可以听见珠穆朗玛峰峰顶凛冽的风声”。

（三）机器人与赛博人

我们的阅听实践已经完全被嵌入到数据化的智能传播框架之中。数据化的传播带来看起来有些奇诡的想象。

我们将来可能会定制自己的资讯机器人。资讯机器人作为分发终端，早已在实践中使用，Twitter、Facebook、Quartz 等先后都开发资讯服务型机器人。资讯机器人实现了一对一的新闻分发，用户可以以对话的形式 App 上获取信息。不过，由于技术限制，使用资讯机器人阅读新闻的用户还体验不到高端智能。但是未来 VR、视频、其他智能技术……更多融合进来，资讯机器人作为终端会常态化。

研究者还相信可穿戴设备等会造就赛博人。赛博人指携带了智能移动终端的半机器人，交织了生物人与机器人的双重逻辑。复旦大学孙玮认为进入移动传播以后人被数据浸润，和媒介已经不能分离，就是赛博人。智能传播阶段的传播就是“就是以赛博人，以我们每一个半机器人为基点，展开的人和社会的各种连接。传播的网络已经成为以赛博人和赛博人的组合作为节点来展开，并且不停地编织网络的一个动态实践。[①]”显而易见，人本身正在成为传播载体，以多种融合方式，切换传播场景，打破边界，融合虚拟和现实世界。

（四）以物为媒

万物互联，万物皆媒。一定意义上，“媒介”与“非媒介”界限淡化。未来的载体很可能是任何我们在使用的物件。与用户紧密联系的物联网技术应用场景是智能家居、智能交通、智能物流、智能城市等。用户将可以在上述应用场景中体验万物皆媒的“泛媒体”传播。人们可以通过物联网，借助身边任何一个智能媒体终端与其他智能设备互动。智能设备的概念可以不断被塑造出新的形态，从平面屏幕到曲面屏幕，再到“无屏”的全息投影设备，从可穿戴设备到嵌入智能家居、

---

① 刘璐：《被技术穿透、数据浸润，你我都是永不下线的“赛博人”，同时拥有两个身体》，上观新闻 2018 年 7 月 9 日，网址：https://www.jfdaily.com/news/detail?id=95739。

智能交通、智能城市等场景中的设备。

四、智能传播环境下的传播方式

“截至2020年3月，我国网民规模为9.04亿，互联网普及率达64.5%。”[①]“截至2019年6月，我国手机网民规模达8.47亿互联网”[②]，互联网技术颠覆性的改变了新闻的传播渠道。越来越多用户通过移动互联网获取新闻信息，而用户部落化背景下，用户在网络空间栖息的方式发生变化，加之大数据、人工智能技术等快速进入应用领域，媒体新闻传播的方式也因此发生改变。本书认为下述四种传播方式是智能传播阶段的主要传播方式：

（一）智能传播

狭义的智能传播是指千人千面的个人化精准传播成为新闻

① CNNIC：第45次《中国互联网络发展状况统计报告》，网址：http://www.cnnic.net.cn/hlwfzyj/hlwxzbg/hlwtjbg/202004/t20200428_70974.htm。

② CNNIC：第44次《中国互联网络发展状况统计报告》，网址：http://www.cnnic.net.cn/hlwfzyj/hlwxzbg/hlwtjbg/201908/t20190830_70800.htm。

传播方式的重要突破。随着用户获取信息方式的改变，不同类型的阅读客户端不断涌现，算法推荐正在成为新媒体行业的主要分发方式。

1. 智能分发原理

2016 年，今日头条 App 首届未来媒体峰会上首席执行官张一鸣提出信息过滤的权利让渡这一议题。他认为“主流的方式有两种：一种是把权利让渡给社交关系，让每个人推荐自己喜欢的内容给朋友，同时也消费朋友推荐的内容；第二种是把权利让渡给算法，让算法识别你的喜好和可能感兴趣的内容。两种方法都能大大提高信息分发的效率[①]”。在国内，今日头条率先使用信息智能推荐算法。

简单地说，推荐算法是利用用户信息消费行为偏好，通过数学算法，推测出用户可能喜欢的信息。行业内普遍使用的信息智能推荐算法有三种类型：

协同过滤推荐算法。协同过滤推荐算法主要的功能是预测和推荐，其原理是给用户推荐与其有相似兴趣的用户喜欢的内容。亚马逊、Youtube 等网站的基础算法都是协同过滤推荐算法。

基于内容的推荐算法。这一算法根据用户以往信息消费的

---

① 李雪昆：《未来的媒体会怎样？》，《中国新闻出版广电报》2016 年 1 月 15 日。

习惯来推荐。即如果用户浏览过一篇文章，这篇文章的特征会被记录提取、过滤，并生成模型，向用户推荐与此文章特征相似相同的文章。由于音乐、视频等特征难提取，这一算法较多用于文本信息、网页等文字信息的推荐。

关联规则推荐算法。根据用户历史数据统计不同规则出现的关系，挖掘用户数据背后的关联，分析潜在需求，向用户推荐其可能感兴趣的内容。基于关联规则的推荐是在一个数据集中找出项之间的关系，例如 60% 的买面包的顾客，也会买牛奶。

多数内容分发平台、社交媒体都采用混合算法，即融合上述多种算法，实现精准推荐。智能分发的基本原理有如下几点：

第一，建立内容池，并对池中内容标签化。内容分发平台通过一系列策略激励创作者上传内容到平台。平台设置有人工智能技术审核和人工复审两道审核关卡，经过平台审核的内容即进入内容池。标签是用来描述内容的关键词，内容池中的各种文本打好标签变得容易过滤、提取。内容池中积攒的海量内容预备精确匹配用户。

第二，用户画像。用户画像本质是对用户的准确描述。内容分发平台通过用户阅听行为数据建立描绘用户的标签。用户消费和生产行为越多，数据记录越多，用户画像越准确。

第三，内容分发平台通过算法进行匹配，将内容池中的内容根据用户画像推送给用户，实现千人千面。影响这一匹配结果的因素有很多：首先是算法设计规则。不同平台采用不同的算法，而算法设计原则不同，最终每个用户看到的内容差别很大。Google、Facebook 都用修改算法调整过内容池中内容的比例和质量。其次，标签分类方式不同也会影响匹配结果。人民日报探索的主流媒体算法就尝试用一套不同的标签来对内容分类，以提高用户对客户端内容品质的体验。

2. 智能传播的优势与挑战

相比以往的传播方式，智能传播方式不是修补，而是一次飞跃。与传统传播阶段、互联网传播阶段的传播方式相比较，智能传播有下述优点：首先，实现了精准传播。人工智能技术助力传播环节，可以使得内容精准传递给目标用户，获得精准的传播效果。其次，智能传播阶段，用户权利提升。智能算法根据用户偏好画像，用户对新闻的消费偏好成为推荐的标准，从而实现“你关心的才是头条”。在这一传播过程中，实现了以用户为中心。在传统传播阶段及互联网传播阶段，都一定程度地以传播者意愿为导向。再次，提高了分发效率。进入平台新闻业，移动内容分发平台聚合了海量的内容，例如，截至 2018 年年底，快手大数据研究院报告显示，快手每天上传短视频超过 1500 万条、短视频库存 80 亿条[1]。如此巨量的内容，凭借人工推荐方式是不可能完成分发任务的。

---

① 快手研究院：《2018 快手内容报告：新生代用户崛起改变社区生态》，36 氪 2019 年 1 月 29 日，网址：https://36kr.com/p/5174887。

然而，智能传播方式也带来了很多新问题。人工智能技术在新闻分发播领域的深度应用是新闻业的颠覆性创新，彻底改变了从此的模式，引起业界和学长时间的大讨论。这些问题本书放置第七章集中讨论。目前业界致力于改善算法，修正人与人工智能的关系，优化技术以解决技术带来的新问题。

（二）场景传播

1. 场景概念及场景五力

进入移动互联网时代之后，场景传播成为增强新闻传播力的新面向。

场景化传播是一个基于个人的实时状态而进行的特定的信息或服务匹配。20 世纪 80 年代，传播学者梅罗维茨从社会学家戈夫曼的“拟剧理论”延展，提出“场景”（situation）概念，并研究“媒介场景”对人的行为及心理的影响。复旦大学孙玮对戈夫曼和梅罗维茨的场景理论做了深入研究和剖析，“戈夫曼和梅罗维茨的场景理论都将场景理解为两个方面，一是他人在场，二是环境因素[①]”，并以微信为例，提出实体空间与大众媒介的虚拟空间之间创造联结，形成的新型的社会场景——“移动场景”。彭兰教授也提出“与 PC 时代的互联

① 孙玮：《微信：中国人的“在世存有”》，《学术月刊》2015 年第 12 期。

网传播相比，移动时代场景的意义大大强化。移动传播的本质是基于场景的服务，即对场景的感知及信息（服务）的适配。场景成为继内容、形式、社交之后媒体的另一种核心要素[①]”。对场景的充分理解，一定意义既是对实践动态的理论阐释，也可以指导实践。

在新媒体实践领域，最早提出场景概念的是科技领域资深记者罗伯特·斯考伯和资深技术专栏作家谢尔·伊斯雷尔，他们 2014 年在《即将到来的场景时代：移动、传感、数据和未来隐私》一书里，预言未来 25 年里互联网将迈入场景时代。两位作者认为大数据、移动设备、社交媒体、传感器和定位系统可以称为“场景五力”，搭建了移动互联时代的场景。上述“场景五力”为场景传播的实现提供了技术支撑，或者可以说技术造就了场景传播的需求和动机。场景应用在产品方面主要是根据用户在不同时空环境下的需求提供个性化的适时的贴心服务。在新闻业，场景传播被视为提升传播效果应当考量的策略。

2. 新闻业的场景传播实践

场景传播在实践中的应用近年来更多应用于产品设计，由于用户市场再度细分，开发者强调要根据用户使用的场景开

① 彭兰：《场景：移动时代媒体的新要素》，人民网传媒频道 2015 年 5 月 20 日，网址：http://media.people.com.cn/n/2015/0520/c396321-27030969.html。

发产品，要为用户提供适用于不同场景的服务，提高用户体验，挖掘场景价值。例如网易云音乐，根据用户不同的使用场景形成不同的歌单，在线上线下全方位浸润用户。在产品、营销领域兴起的场景传播随后也进入新闻实践中。研究者认为场景传播将给新闻业带来新气象。新闻传播从单纯的时间面向转向对空间的重视。张玲玲等人认为“在场景概念的应用下，移动媒体空间信息流实现了更加精准的汇聚与更有针对性的传播。[①]”场景传播带来的文化层面的变化是对亚文化群体产生了巨大影响。蒋小丽等认为，“场景技术环境下的青年亚文化不再是通过传统的阶级、种族、出身等展示自己的符号身份和价值，更多的是通过消费层面。[②]”上述变化将给新闻业带来长久而深远的影响。

新闻业的场景传播方面的实践目前主要在下述几个方面：

第一，营造“在场”的直播。传播技术的发展使得实体空间与大众媒介的虚拟空间之间建立了联结，为用户在虚拟空间营造“在场”。“移动场景”下，这种24小时的“在场”可以使用户有并置在报道场景中的感受。移动直播作为一种报

① 张玲玲、温喜娟：《场景应用下空间信息流的汇聚与传播》，《新闻与写作》2016年第12期，第43—46页。

② 蒋晓丽、梁旭艳：《场景：移动互联时代的新生力量——场景传播的符号学解读》，《现代传播》2016年第3期，第12—20页。

道的形态，实际上就借助用户“在场”感使新闻有了更好的传播效果。例如中央广播电视总台新闻中心移动新闻客户端在2017年春节做了陪伴农民工过年的移动直播，直播记者和春节骑行大军一路骑行回老家，网友有身临其境之感。2020年疫情暴发，武汉紧急建设“火神山”“雷神山”医院，中央广播电视总台央视频发起了两神山的慢直播，观看直播的网友超过1亿人，这1亿“云在场”的热心网友被戏称为“云监工”，“云监工”还给现场的各种设备、车辆甚至树木都取了可爱的名字。慢直播创造了一种远方现实并置的空间感，获得了超级传播效果，“雷神山”“火神山”抗疫报道成为经典之作。

第二，虚拟现实场景的新闻。人工智能技术与虚拟现实场景结合，为用户造就了一个沉浸式的虚拟场景。在虚拟现实设备的支持下，新闻作品使得受众感觉亲临新闻现场。例如2019年中国新闻奖获奖融媒体作品《海拔四千米之上》，在这个H5产品，VR报道用得可圈可点，把用户放置于海拔四千米之上向往但是难以企及的现场。澜沧江源一章中的漫游VR拍摄了当地牧民登山查看保护雪豹的活动，VR镜头一路跟着牧民才仁尼玛记录他上山查看拍摄雪豹的红外相机是否有电等工作场景。长江源一章中的漫游VR，记录了中国科学院西北生态环境资源研究院研究员蒲健辰登上玉珠峰的一条冰川并采样的现场。壮美的景致和需要用很多语言才能意会的新闻活动经由VR再现。同样优秀的VR作品近年来还有很多，囊括VR新闻、VR专题、VR纪录片等多种报道形式，纽约时报、中国网等还设置了 VR 频道。

第三，真实场景与媒介场景融合。在融媒体报道实践中，近年来媒体探索出一种线上线下结合的场景传播模式。人民日报新媒体中心于 2018 年 10 月发起致敬改革开放 40 周年创意体验馆——“时光博物馆”。“时光博物馆”系列报道将线下创意体验与线上主题报道相结合。线下场馆通过记忆供销社、年代照相馆、光阴教室等主题体验区讲述了 70 年间中国民众衣、食、住、行、文、教等方面的变化；线上报道则 H5、短视频、深度报道、微博简讯……齐上阵。再如，江苏交通广播网曾经与南京博物院、苏州博物馆等四个博物馆共同举办“舞动一座博物馆”活动，四城、四馆当晚同开夜场，观众在任意一家博物馆都可看到其他三家的精彩直播。这些创意型的报道借用空间场景，打通的网友现实场景和虚拟场景，打造了现象级传播。

（三）社群传播

“社群是基于传播媒介聚合到一起，进行信息传播、情感交流、文化和价值共享的用户群体。[①]”伴随传播技术的变革，

---

① 金韶、倪宁：《“社群经济”的传播特征和商业模式》，《现代传播》2016 年第 4 期，第 113—117 页。

用户内容生产、评价、交流……线上权利被释放出来，他们连接、聚合，人类社会得以在虚拟空间再“部落化”，人际传播与群体传播方式回归，虚拟社群成为社会交往的重要平台，也是智能传播阶段重要的传播形式。

社交媒体兴起之后，媒体已经探索利用社群进行传播。例如《中国企业家》前总编牛文文 2013 年创办《创业家》杂志，推出“黑马会”社群平台，结合线上微信推送“爱黑马”微信和线下系列活动（黑马训练营、黑马大赛等），聚集了国内几百万的创业者，成为创业项目的孵化器。深化媒体融合以后，很多地方媒体也开始尝试社群化运营。郭全中等认为社群化运营是地方媒体转型的一条重要路径，可以创造商业价值。“地方媒体社群化的打造可在观众获取信息基础上为创新服务提供平台入口，重建内容与用户的连接。[①]”

社群传播的优势主要有以下几点：首先，媒体与用户之间形成了高频互动的连接关系。即在社群关系中，媒体可以反复抵达社群用户，并且可以精准了解用户。其次，媒体在社群中可以实现新闻传播与媒体运营一体化。在社群中形成了自组织产消运营一体化的商业模式。用户集参与协作式生产、分享传播、内容消费、购买或接受服务等于一身，媒体提供一条龙服

① 郭全中、胡洁：《传统媒体的社群经济运作》，《青年记者》2016 年第 4 期，第 11—13 页。

务。最后，可以获得较好的传播效果。社群是以价值认同、情感交流为纽带相联系的群体。情感价值的传播是社群运营的核心。互联网传播集人际传播、组织传播、大众传播于一体，用户习惯于在交往空间获得新闻资讯。社群中在内容传播的同时，可以意见分享、情感交流，吻合用户的获取信息的习惯。

智能传播阶段，媒体的社群传播将以数据化为基础。在社群传播的过往实践中也有一系列负面问题，例如一些社群是摆设，没有活跃度，没有价值认同；一些社群过度商业化，沦落为红包群。上述做法都违背了社群传播的本质。智能传播阶段，社群传播应该是基于精准用户画像，注重用户忠诚度，深度服务的传播方式。媒体与社群用户建立精准连接，能够进行深度交互。

当然，社群传播的戏谑性也是值得关注的问题。研究者认为社群也存在着公共性消解的问题，因为对话式叙事本身会将重大公共议题以日常随意化的叙事风格表达。“公私界限模糊是微信群制造的最重要的虚拟环境，也可以称为一种“拟态环境”，在这个环境下，任何公共话题都可能被八卦化和无厘头化，被拿来戏谑和调侃。[①]”

---

① 郑满宁：《公共事件在微信社群的传播场域与话语空间研究》，《国际新闻界》2018 年第 4 期，第 77—96 页。

（四）互动传播

互动传播，与过去以传播者为本位的单向式传播相对，指传播者通过互联网中介影响用户，用户积极参与对传播者的反馈和交往。

一定意义上说，媒介或多或少都会与受众产生互动，例如报纸的读者来信、广播的听众热线、电视的现场观众互动等。不同的是进入Web2.0之后,数字媒体互动的深度和广度飙升，远远超过了传统媒介，不仅完全使得用户卷入、参与，而且大众传播模式演变成集大众传播、人际传播、群体传播于一体的混合型模式。互动传播也不得不为新闻生产机构所重视。事实上，进入社交媒体时期之后，媒体新闻实践就较为重视与用户的互动。但是，智能传播环境下互动传播的重要性还会进一步提升。因为社交媒体发展至今，个人和组织使用网络为中介进行交流的习惯已经发生了根本性变化，从一定意义上说,用户已经演变为“社交人”。在Z世代的常用App中，社交成了标配功能，例如在一款睡眠软件中，也会暗藏社交功能，因为失眠的时候会社交。互动成为用户在执行各项网络任务时的习惯。

媒体对互动传播的探索也已多年。在过往的新闻传播实践中，媒体采取了多重方式的实验。一方面，由于用户在社交分享中所表现出的娱乐性、戏谑性，媒体实验互动型文本，努力让新闻变得有趣，如新闻游戏、互动视频、H5 互动作品等。另一方面，媒体研究用户的分享动机，探索如何触动用户提高分享率、点评率，因为在有影响力的新闻传播案例中，媒体发现用户分享带来的点击数量的长尾效应远高于首次分发。例如人民日报创造了十亿点击量的创意互动作品《快看呐！这是我的军装照》，创作者在经验分享时特别提到一个细节：在策划时，为了通过军装照纪念“八一”建军节，吸引更多人参加就被作为作品的目标。为了实现这一目标，创作者与腾讯“天天 P 图”合作时采用的 AI 人脸融合技术带有美颜功能，因为好看才会促进分享。

进入智能传播阶段，人工智能技术更为成熟，媒体互动无疑会有质和量的飞跃。媒体可以为用户提供一对一的内容定制、分发，一对一的播报、服务及反馈，互动传播规律的探索仍然是未来新闻生产中的热点议题。

五、智能传播阶段的分发策略

对于有着重生产轻传播传统的媒体机构来说，互联网发展至今，新闻分发已经发生了颠覆性的变化。进入智能传播阶段，传播方式、传播载体、传播渠道……仍处于快速变化之中。尽管媒体机构在媒体融合过程中已经进行了深度探索，建立了跨平台传播的分发渠道，但是媒体机构渠道失灵的困境仍未完全解决。下一阶段，媒体应该如何调整分发策略？

本书认为可以在如下几个方面尝试：

第一，对新闻生产与传播两个环节进行一体化的重新设计。以用户为中心进行新闻传播，需要以用户为中心进行新闻生产。新闻生产所面临的根本性挑战是系统性的，是媒体的生产模式是否能够调适到适应于智能传播阶段的用户和传播方式、传播载体。传媒经济学家罗伯特·皮卡德认为新型的生产模式已经悄然出现，“传统的新闻生产正在被分解为服务模式和手工模式”。“服务模式就是媒体将新闻产品（传统型的报纸和广播电视）转变成服务，它通过多种平台（印刷品、计算机终端、平板电脑、智能手机和其他显示设备）流动。[①]”如何将新闻生产转变为新闻服务？如何理解新闻服务的形态？如何帮助这些新闻服务流动？媒体机构显然有很多课题需要破解。新闻的传播环节是直接面向用户的，是新闻生产的“最后一公里”，传播生态的剧变意味着媒体新闻生产的重新设计势在必行。

第二，媒体加速向智能化媒体转型，改进分发环节。人民日报、封面、澎湃新闻等加强了人工智能分发技术的探索，

① 李莉、胡冯彬：《新闻业的黄昏还是黎明？——罗伯特·皮卡德谈变化中的新闻生态系统》，《新闻记者》2015 年第 3 期，第 13—19 页。

例如“AI 助手”、建立在大数据和人工智能基础上的个性化推荐等。这些尝试对于提高媒体移动客户端的新闻分发效率非常有价值。特别是媒体价值型算法的研究也会与超级分发平台倍受争议的算法形成竞争和博弈，有利于优化互联网内容生态。

第三，建立智能化的传播管理部门。新闻业新的生态系统正在倒逼新闻机构改善组织、机制体制、生产流程、新闻服务的标准等。新闻分发领域已经发生整个生态的剧变，用户也已经数次迭代，但是多数媒体发行部门并未发生实质性变化，面向新媒体平台的新闻传播主要交由负责新闻生产的新媒体部门操作。这一组织框架的缺陷在于不能理解和分析网络用户。本书建议，媒体应建立专门化的传播管理部门，做统一的传播策略规划。

第四，精准把握用户需求。在个体高度原子化的网络社会，传播精细化是提高新闻传播力的路径，这意味着需要精细洞察和把握用户需求。媒体目前在致力于为用户画像，但是从实际执行效果来看，用户画像还做不到精准。特别是很多媒体用户分散在不同的平台上，并不能细分为具体的个体。此外，用户画像不等同于用户需求。用户需求的洞察还需要对新闻业生态、网络传播规律、用户信息消费行为有综合理解和调研基础上完成。智能传播阶段的新闻分发是以个人为中心，媒体机构还有功课要补。

六、小结

本章分两条线程对新闻业的“最后一公里”——分发环节进行了系统梳理。一条线程着重展现了人工智能技术对传播载体、传播观念、传播方式等传播内涵的深刻冲击，展现在我们面前的是一个完全不同于以往的传播图景。另一条线程，本章梳理了新闻业遭遇危机以来媒体在渠道建设方面的努力，媒体建设了跨终端的全媒体分发体系以对抗来自新媒体的冲击。如果对两条线程做对比，我们可以看到相对于奇诡的未来，媒体的探索进化还需要一个异常艰辛的努力过程。一定意义上说，智能传播阶段的传播是颠覆性的变革，现在仅是智能传播阶段的初期，可以展望的未来充满挑战。

在本章，本书非常想帮助读者树立的意识是以用户为中心的传播才是智能传播阶段的传播。对于智能化传播，用户的进化还需要非常细致的研究。传播变革倒逼新闻生产，什么是以用户为中心的新闻生产，也需要洞察用户，换句话说我们也需要从理解用户的角度重新理解新闻生产。

第七章

问题、机遇与展望

本书的核心研究问题是智能传播环境下的新闻生产。在前面的章节中，我们基于“媒体－用户”“媒体－平台”“媒体－其他内容生产行动者”的连接关系，观察梳理了从互联网＋到AI+新闻业生态、新闻生产组织、新闻生产常规、新闻分发渠道等方面的探索与实践。我们既感受到新闻业剧烈的变革，也对颠覆性的智能传播图景感到震撼。但是，在这一章里，我们必须来探讨智能传播阶段的问题与规范。事实上，对新技术的采纳和驯化不是一蹴而就的，当前我们还处于智能传播初期阶段，智能传播技术尚未被整合进更为广泛的社会环境，而智能传播的图景也还未完整展开，我们也还未能充分认识智能传播所带来的新问题。因而，本章拟探究智能传播环境下的新闻生产遭遇的问题与挑战，以期未来有机会采取有效措施使潜在的风险得以防范。

一、“算法”争议

在前面章节的讨论中，我们可以看到，人工智能技术已经赋能新闻业整个产业链条，并给新闻业生态带来颠覆性变化。在新闻业生态重构、组织转型、智能化生产等一系列创新话语中，我们也看到新闻业对人工智能技术带来的诸多问题忧心忡忡：人工智能对新闻业的重塑冲击新闻业的格局和基本观念，对新闻业的影响有很多值得深度探讨的不确定性。在诸多问题之中，算法作为智能传播阶段的基本逻辑，倍受争议。算法将过载的信息精准有效地传递给个体用户，革命性地改变了以用户为中心的新闻业的传播权力格局。

关于算法的批判较多集中于其对新闻业公共性的冲击。2017 年人民日报曾连续发表 3 篇评论批判算法，直指新闻被算法“绑架”，“一些客户端仅靠揣摩人们的点击量，反复推荐低质量内容，只能让人生厌。媒体不能一味依赖成为算法和技术的奴隶。[①]”这三篇评论被看作是传统媒体与算法的博弈。但是评论中提及的“反复推荐低质量内容”实则指出了算法导致的新闻业公共性失落的问题。方师师也指出算法推荐将在线内容的供需问题进行了简单化处理，单向迎合用户偏好[②]”。姜红以拉图尔的行动者网络理论为基础分析了算法，认为算法为迎合用户兴趣，仅突出了新闻价值中的趣味性要

---

① 吕洪：《新闻莫被算法“绑架”》，《人民日报》2017 年 7 月 6 日。

② 方师师：《算法如何重塑新闻业：现状、问题与规制》，《新闻与写作》2018 年第 9 期，第 11—19 页。

素，提出“算法作为非人类行动者，和人类的传播活动编织在一起成了新型的行动者网络，它挑战了传统新闻业的公共性[①]”。

除了上述算法对新闻业公共性的消解的批评以外，算法还被认为存在下述问题。首先，算法偏见问题。张超从中介的角度分析了算法产生偏见的三个原因：算法设计者的偏见、输入数据的偏见和算法局限的偏见[②]。其次，“信息茧房”和“过滤气泡”问题。这两个概念形象地批判了算法带来的个人信息选择窄化问题，“信息茧房”“过滤泡”会限制人们接触多元的话题或观点。再次，数字劳工问题。在传播政治经济学派关于数字劳动的讨论中，认为算法使得大量平台上的内容生产者沦为被驯化的数字劳工。“‘无酬劳工’(free labour)已经成为资本主义复杂劳动关系中的一种重要形式，而且提出这个概念是理解当代数字经济中‘新型的’或者是‘半新型的’劳动形式的核心分析工具。”[③]与个体的数字劳工现象

---

① 姜红、鲁曼:《重塑“媒介”:行动者网络中的新闻“算法”》,《新闻记者》2017年第4期，第26—32页。

② 张超：《作为中介的算法：新闻生产中的算法偏见与应对》，《中国出版》2018年第1期，第29—33页。

③ 姚建华：《传播政治经济学视域下的媒介产业数字劳工研究》，《南京社会科学》2018年第12期，第116—122页。

原理相同的是传统媒体与采纳算法的平台之间的利益博弈。传统媒体在平台上分发内容，付出了采访成本，但是收益不高，也造成了传统媒体与平台之间关系的对抗和紧张。

研究者认为算法诸多问题背后的动因是超级技术公司的技术垄断。超级内容分发平台通过算法对传统的传播权力格局进行了重构，从前在新闻生产和传播链中处于垄断性位置的新闻机构成为多元内容生产者之中的一员，而作为商业技术公司的平台掌握平台新闻业的规则，带有重商主义性质的算法主导新闻生产，带来很多新问题。

作为智能传播阶段的底层技术，算法解决了海量内容精准分发的效率问题，而传播方式的变革将改变用户并最终给社会、文化等带来深远影响。尽管算法还未能完全被规训，但是其作用毋庸置疑，数据、算法和算力的融合将引领新闻业完全走进智能传播时代。智能传播环境下，如何使得算法能够善用？研究者提出多个向度的建议：打开算法黑箱，使得公众能够对算法建立技术信任；推动平台治理，为平台设定算法治理义务、界定平台责任；通过法律规制对使用算法的机构等问责。这些建议各有各的道理，但是实施起来各有各的问题，这使得截至目前，算法治理仍是全球性的难题。但是，算法治理的总体思路，各国基本达成共识，技术治理和社会法律治理协同推进。从一定意义上说，技术产生的问题还需要技术协同解决，需要我们等待和推进技术的进化与完善。

二、用户数据权利博弈

智能传播环境下，数据已成为重要的生产资料和核心资源，为新闻业所认同，围绕着数据的抗争与博弈刚刚开始。

首先是媒体用户数据权利归属。随着媒体融合深化，“媒体＋政务”这一融合模式成为国内媒体转型的重要模式之一。特别是在县域融媒体中心建设过程中，县级大数据中心成为国家治国理政的新平台。在省级媒体、部委行业媒体等媒体融合转型过程中，也有多家媒体集团接入了政府数据资源，转型为“媒体＋政务”数据服务入口。然而，尽管新闻业在公共数据的获取方面有所进展，也具备了一定的数据服务能力，但是用户数据归属却始终在媒体与平台博弈中。例如，新闻媒体在今日头条、微信等平台建立内容账号生产内容，并因内容发布获得用户，今日头条、微信等平台方仅仅为生产者提供模糊的用户数据等，真实用户画像由平台掌管，并且平台往往会将这些数据脱敏后用于数据经营获利。一定意义上说，生产者在为平台付出劳动获得数据收益，而没有获得相应分成。并且由于用户数据在平台控制中，媒体很难实现以用户为中心的新闻生产运营一体化。

其次是个人数据资产的权利归属。个人信息数据包括两部分，一部分是原始的个人信息数据，即个人身份、姓名等涉及个人隐私的数据；一部分是脱敏的个人网络消费行为数据，这部分数据可以用于数据经营并获得收益。在目前的法律框架下，前者——原始的个人信息数据，归个人所有，《网络安全法》等法律明确规定网络用户对原始数据享有所有权。后者——脱敏的个人信息数据（又称为非个人信息个人数据）在实践中归经营者所有。法学界认为“网络运营者在这一过程中进行了大量的资源投入，产出后的数据产品具备较大的经济价值，能够应用于市场并提供经济利益，据此赋予网络运营者以相应的数据财产权益[①]”。但是在实践中，脱敏的个人信息数据有很大争议，个人用户认为这部分数据资产权应归属自己，并且由于网络经营者在经营过程中经常出现用户数据隐私泄露的情况，引起社会各界不安。事实上，用户数据越来越趋向集中于几个超级内容分发平台，掌握用户数据的技术公司、利益相关方（如第三方公司）存在滥用用户隐私数据的风险。

数据财产权益和个人信息保护之间的关系应该如何平衡？各个国家给予了不同的答案，欧洲《通用数据保护条例》（GDPR）被视为全球范围内最严格的数据保护条例，我国数据保护的问题目前尚争议不断，未来如何走需要实践中探索。

---

① 阙梓冰：《数据财产权益的形成、归属与保护》，《人民法院报》2019 年 3 月 28 日。

从一定意义上说，用户数据权利是智能传播环境下新闻业发展的动力机制问题，媒体逐步在向智能媒体发展转向，数据归属和权益、隐私保护与数据开发的平衡等是迫切需要妥善解决的重要议题。

三、人工智能伦理、法律问题

随着大数据、云计算、智能传感器等技术的不断发展与普及，人工智能正在重塑新闻业。然而，智能新闻业加速度发展过程中，与技术红利同时到来的还有很多与行业伦理、法律相关的待解难题。

第一，自动化新闻的著作权问题。随着人工智能技术的发展，图文、视频新闻均能自动化生成。物联网规模推进以后，用于信息采集的传感器增多，可以预见各内容分发平台上机器生产内容都会增加。但是，由于自动化新闻的信息来源于互联网网络抓取，这使得自动化新闻容易对其他作品的著作权造成侵权。

第二，人工智能技术易造成隐私权侵权。人工智能技术作为新技术临场，因为在使用过程中缺少经验，易造成侵权。例如人脸识别技术刚问世不久，人脸识别第一案——浙江理工大学特聘副教授提起诉讼质疑动物世界采集人脸信息的合法性和安全性。此外，用于换脸的视频制作技术等也频遭质疑。

第三，内容分发过程的伦理问题。除了法律层面的问题，人工智能在新闻业的应用也有一些伦理问题。例如算法偏见，算法在设计中需要设置标签，一些视频标签带有偏见和歧视，如马路杀手、女司机、整容女……再如智能分发技术的信息茧房效应消解了信息的多元性等，这对于青少年形成世界观、价值观尤为不利。

上述问题只是举要，类别庞杂的人工智能技术在其创新扩散过程中，不断出现新问题、新挑战。这些问题的解决需要社会多方面协同解决。例如，树立人机协同的关系中以人为本的意识；从供给侧改善内容供给；完善法律法规；完善保护青少年的公益机制；敦促平台履行平台义务……为了加快人工智能技术及产业的发展，世界各国都竞相采取更为积极的产业政策。由人工智能的发展将对个人隐私、社会伦理、市场竞争、网络安全等各方面产生深远影响，人工智能的风险防控、法律规制的完善全球范围内被提上多国日程。

四、媒体融合语境下的媒体智能化

“有了大数据，饿死总编辑”，美国圣克劳德州立大学新闻学教授彭增军形象地对智能传播环境下媒体转型的艰难做了很生动地阐释：“现在所谓吸引受众新闻的实质是市场说了算，报什么不报什么，是由受众即时监测数据来决定的。哪条新闻最受欢迎，哪条转发率高，读者都是什么人，一切都在屏幕上，一目了然，哪还用得着总编辑来开编前会”。[①]彭增军的观点反映了业界对智能传播图景展开的担忧。在其描述的场景里隐含着新闻业面临的挑战：第一，新闻业仍未走出困境，盈利危机是进入网络传播时代就已开始并且延续至今的全行业难题。严肃新闻能否在智能传播时代走出新的格局。第二，新闻业的权威话语正在消解。多元内容生产者共生，内容分发平台将新闻生产情境彻底数据化，职业新闻人的新闻追求是否还有价值？在智能传播阶段，技术、政治、经济、新闻生产组织之间的对抗博弈尚未尘埃落定，新闻业生态重构，新的新闻生产范式尚未建立。第三，人和人工智能究竟是何种关系？新闻生产中，如何实现人机协同？如何处理好人文精神与机器效率的平衡？

新闻业近年来始终在创新解困，进入智能传播阶段之后，新闻生产机构的创新战略是建设智能化媒体。但是从现状来看，智能化媒体成为新闻业主体还需要时间。

第一，人工智能技术应用处于幼稚期。人工智能技术虽然应用于媒体全产业链，但是整体应用水平不高，带有很强的

① 阙梓冰：《数据财产权益的形成、归属与保护》，《人民法院报》2019 年 3 月 28 日。

实验性质。例如一些媒体采用了智能分发机器人面向用户分发新闻，但是只能做特别简单的语音对话。这和人工智能技术本身不成熟相关，使得这些应用没有想象力，看起来并不是为了服务，而是为了尝试新技术。

第二，媒体智能化建设缺少因地制宜的顶层设计。随着媒体融合深化，各媒体纷纷提出将移动化、数据化、平台化作为媒体融合转型战略规划。然而，在智能化建设过程中，很多媒体只是出于对技术的拥趸，并没有智能化的切实需要，这使得很多媒体的智能化建设只是一句口号。特别是一些县域融媒体中心，在移动 App 上采用智能算法技术，但是其移动 App 只有几万的日活跃用户，完全没有可供智能分发的海量内容池。再如媒体把智能化媒体建设简单化，应用了一两款智能技术就讲在向智能化迈进。媒体融合深化语境下，很多媒体把媒体融合当作硬任务，把智能化建设当作政绩语言。

第三，人才储备不足，机制体制落后。智能传播阶段，媒体需要人机协同进行新闻生产，但是复合型的能够人机协同生产新闻的人才储备严重不足，特别是传统媒体集团原本短板就是技术人才短缺。此外，致力于建设智能媒体的新闻机构都为创刊创台多年的主流媒体，由于多年历史问题积压，机制体制落后，创新过程中文化融合很难。智能化媒体建设遭遇软实力问题。特别是一些地方媒体还存在资金不足、技术不成熟、人才缺乏等问题。

第四、媒体对智能传播环境下的新闻生产规律缺乏足够认识。在多重连接关系变革、用户迭代的背景下，智能传播环境下的新闻业展开的是一幅完全不同的画卷。新闻业生态完全重构。智能媒体所担负的使命已然不同，生产与传播方式也发生变化。但是，一些媒体在智能化的过程中采取的是将人工智能技术纳入现在的新闻生产常规的做法，旧瓶装新酒，问题会逐渐显现出来。一些媒体把智能媒体转向简单化，以有智能化技术参与制作的爆款替代编辑部新闻生产创新的整体性探索。

上述问题反映了新闻业的现实图景。展望未来的同时，我们需要审慎校准今天的实践方向。黄旦、李暄等曾对媒体融合提出过批判性意见：关于“媒介融合”，大多都是站在媒介组织边界内来理解。应该重新理解媒介融合。应该把社会形态变化的变量纳入其中，即以数字技术为元技术平台，在一个全球化的、涌动的“网络社会”，媒介组织就是这个网络中的一个节点[①]。媒体融合语境下，媒体面向智能化媒体转型的努力同样存在这一问题，应从智能传播环境下的新闻业生态乃至社会生态来理解媒体组织的智能媒体建设。

---

① 黄旦、李暄:《从业态转向社会形态：媒介融合再理解》，《现代传播》2016 年第 1 期，第 13—20 页。

五、小结

本章梳理了在智能传播时代大幕徐徐拉开之际新闻业的现实问题：算法争议、用户数据权利、人工智能伦理和法律问题以及新闻媒体组织智能化转型的现实困局等。当然，这是远景与近景的矛盾。不过，今天遇到的现实问题也是校准明天的框架。希望丰富的行业实践、前所未有的创新动能带领新闻业在不断发现问题解决问题的过程中迈进智能新闻业。

本章也是全书的结尾。

本书研究的主要议题是技术驱动下的新闻生产变革。本书的核心内容是探究在个体被激活的智能化网络时代新闻生产如何面向。我们看到，随着人工智能、大数据、物联网、5G 等技术融合并加速在新闻业应用场景落地，智能传播图景正在一点点变清晰。未来正在展开，充满了奇诡的想象力。然而，远方很迷人，新闻业在今天的探索则需更为审慎，以减少风险及创新中的失序。本书以下述三点建议为全书作结。

首先，从技术驱动下的创新走向新闻生产与传播模式的整体探索。在以往的实践中，技术乐观主义曾经对风行一时的技术夸大其词，但是随着该项技术在行业中找到位置或者生命周期完成，投入的资本、物力也跟着昙花一现。事实上，智能传播环境下，新闻业生态完全重构，新闻业也进入跨产业的资源和功能整合期。新闻业不能再追求风行一时的技术并以此作为增量进行变革，须从传统媒体框架下的外拓和小修小补走向整体创新。

其次，从旧边界的突破走向新边界的再塑。“在社会转型、技术推动、资本介入等多重力量下，当前的新闻环境和新闻业内部出现了一系列变化。专业化的新闻生产门槛逐步被技术带来的赋权力量冲击和消解，越来越多的传播主体和技术客体侵入到新闻行业，侵蚀了长久以来新闻业存在的合法性根基，原本清晰的职业边界正在逐渐模糊。”[①]新闻业面临的挑战是既要包容、吸纳和嵌入行业侵袭者的新生产范式，修正传统范式，锚定新常规，也要开展新闻边界的话语权争夺，重建新的行业边界，让专业化生产更专业。

再次，平衡人文意识与人工智能不断进化的能力。三篇论文有“算法新闻业三部曲”之称的马特·卡尔森认为新闻业正在大力推动的自动化新闻非常有破坏性，“这预示着新闻内容将远远超过人类记者的生产能力，从而进入更为辽阔的新可能性的领域。[②]”事实上，研究者对人工智能技术的

---

① 白红义，李拓：《“边界工作”再审视：一个新闻学中层理论的引入与使用》，《湖南师范大学社会科学学报》2020 年第 2 期，第 147—156 页。

② 马特·卡尔森（Matt Carlson）：《自动化判断？算法判断、新闻知识与新闻专业主义》，张建中编译，《新闻记者》2018 年第 3 期，第 83—96 页。

隐忧远不止于此，从没有一个技术如此逼近人类，模拟人类的优点、弱点，却又具有比人类更为强悍的能力。走向智能新闻业，我们应保持的最清醒认知应该是以人为本，对技术风险保持警惕，克制我们对有无限能力的智能化技术应用的欲望，在产业发展中平衡人文意识与机器不断进化的能力。

参考文献

中文文献

著作：

[美]约翰·V. 帕夫利克：《新闻业与新媒介》，张军芳译，新华出版社2005年版。

[美]林文刚：《媒介环境学——思想沿革与多维视野》，何道宽译，北京大学出版社2007年版。

[美]保罗·莱文森：《软利器：信息革命的自然历史与未来》，何道宽译，复旦大学出版社2011年版。

[美]亨利·詹金斯：《融合文化：新媒体和旧媒体的冲突地带》，商务印书馆2012年版。

[荷]简·梵·迪克：《网络社会—新媒体的社会层面》，蔡静译，清华大学出版社2014年版。

[美]亨利·詹金斯：《文本盗猎者——电视粉丝与参与式文化》，郑熙青译，北京大学出版社2016年版。

[英]尼克·库尔德利：《媒介、社会与世界：社会理论与数字媒介实践》，何道宽译，复旦大学出版社2016年版。

[美]哈罗德·拉斯韦尔:《社会传播的结构和功能》,何道宽译,中国传媒大学出版社2017年版。

[加]尼克·斯尔尼塞克:《平台资本主义》,程水英译,广东人民出版社2018年版。

[美]理查德·塞勒·林:《习以为常:手机传播的社会嵌入》,刘君、郑弈译,复旦大学出版社2020年版。

王贞子:《数字媒体叙事研究》,中国传媒大学出版社2012年版。

彭兰:《社会化媒体:理论与实践解析》,中国人民大学出版社2015年版。

牟怡:《传播的进化——人工智能将如何重塑人类的交流》,清华大学出版社2017年版。

王喆:《社交媒体新世代的互动传播》,科学出版社2018年版。

彭增军:《新闻业的救赎——数字时代新闻生产的16个关键问题》,中国人民大学出版社2018年版。

塔娜、唐铮:《算法新闻》,中国人民大学出版社2019年版。

论文

白红义:《重构传播的权力:平台新闻业的崛起、挑战与省思?》,《南京社会科学》2018年第2期,第95—104页。

白红义:《点击改变新闻业?——受众分析技术的采纳、使用与意涵》,《南京社会科学》2019年第6期,第99—107页。

白红义,李拓:《"边界工作"再审视:一个新闻学中层理论的引入与使用》，《湖南师范大学社会科学学报》2020 年第 2 期，第 147—156 页。

曹三省，苏红杰：《物联网＋媒体：当下与未来》，《新闻与写作》2016 年第 11 期。

曹轲、陈良晓：《人民数据、新华数据、财新数据、南方数据——“媒体数据”新概念与前瞻分析》，《南方传媒研究》第 78 期，2019 年 6 月，第 18—30 页。

陈昌凤：《未来的智能传播：从“互联网”到“人联网”》，《学术前沿》2017 年 12 月上，第 8—14 页。

陈昌凤、石泽：《技术与价值的理性交往：人工智能时代信息传——算法推荐中工具理性与价值理性的思考》，《新闻战线》2017 年 9 月上，第 71—74 页。

陈嬿如、谢欣：《断言式新闻——媒介技术驱动下的新型新闻模式研究》，《国际新闻界》2019 年第 5 期，第 80—92 页。

段鹏：《智能媒体语境下的未来影像：概念、现状与前景》，《现代传播》2018 年第 10 期，第 1—6 页。

杜骏飞：《“瓦釜效应”：一个关于媒介生态的假说》，《现代传播》2018 年第 10 期，第 31—36 页。

杜骏飞：《新媒介即人》，《新闻与写作》2017 年第 9 期，第 1 页。

杜杨玲：《从符号逻辑到认知体验：智能传播系统化运作的历史、现状与趋势》，《重庆广播电视大学学报》2018 年 12 月，第 20—30 页。

范红霞、戴婉玲：《从“茧房”到“蛛网”：智能化传播中的场景连接》,《东南传播》2019 年第 12 期，第 10—12 页。

方师师：《算法如何重塑新闻业：现状、问题与规制》,《新闻与写作》2018 年第 9 期，第 11—19 页。

方兴东、钟祥铭:《中国门户网站之发展历程、规律和启示——反思门户思维对中国互联网和传统媒体转型的内在影响》,《新闻与写作》2019 年第 2 期，第 5—10 页。

高宪春：《论智能传播时代广电媒体发展的五个维度》,《电视研究》2018 年第 8 期，第 21—23 页。

高存玲:《作为物种的媒介:Media Ecology 被湮没的一个维度》,《新闻界》2018 年第 5 期，第 55—66 页。

郭全中：《智媒体如何打造——以中央广播电视总台“人工智能编辑部”为例》,《青年记者》2020 年 2 月（上),第 13—14 页。

郭全中、胡洁 ：《传统媒体的社群经济运作》，《青年记者》2016 年第 4 期，第 11—13 页。

高慧敏：《智能化媒体时代社交形态探究—基于〈德意志意识形态〉的交往观》,《青年记者》2019 年 12 月下。

胡翼青：《后真相时代的传播——兼论专业新闻业的当下危机》,《西北师大学报》2017 年第 6 期，第 28—35 页。

胡翼青、王聪：《超越“框架”与“场域”：媒介化社会的新闻生产研究》,《福建师范大学学报》2019 年第 4 期,第 138—144 页。

胡正荣：《智能化：未来媒体的发展方向》,《现代传播》2017 年第 6 期，第 1—4 页。

胡泳、张月朦：《互联网内容走向何方？——从 UGC、PGC

到业余的专业化》，《新闻记者》2016 年第 8 期，第 21—25 页。

黄旦：《试说“融媒体”，历史的视角》，《新闻记者》2019 年第 3 期，第 20—26 页。

黄旦、李暄：《从业态转向社会形态：媒介融合再理解》，《现代传播》2016 年第 1 期，第 13—20 页。

蒋晓丽、梁旭艳：《场景：移动互联时代的新生力量——场景传播的符号学解读》，《现代传播》2016 年第 3 期，第 12—20 页。

金韶、倪宁：《“社群经济”的传播特征和商业模式》，《现代传播》2016 年第 4 期，第 113—117 页。

姜红、鲁曼：《重塑“媒介”：行动者网络中的新闻“算法”》，《新闻记者》2017 年第 4 期，第 26—32 页。

姜浩：《数据化：由内而外的智能》，中国传媒大学出版社 2017 年版，第 24 页。

刘燕南：《从“受众”到“后受众”：媒介演进与受众变迁》，《新闻与写作》2019 年第 3 期，第 5—11 页。

刘海明、付莎莎：《技术的界碑：人工智能对新闻真实的伦理挑战》，《现代传播》2019 年第 9 期，第 76—81 页。

骆世查编译：《硅谷如何重塑新闻业——哥大新闻学院 Tow 数字新闻中心“平台新闻业”报告》，《新闻记者》2017 年第 7 期，第 34—44 页。

刘鹏：《用户新闻学：新传播格局下新闻学开启的另一扇门》，《新闻与传播研究》2019 年第 2 期，第 5—18 页。

李鹏：《“封面新闻”智能编辑部的构建之路》，《新闻与写作》

2019年第5期，第87—89页。

李莉、胡冯彬：《新闻业的黄昏还是黎明？——罗伯特·皮卡德谈变化中的新闻生态系统》，《新闻记者》2015年第3期，第13—19页。

李沁：《沉浸广告模式：大数据时代的逻辑颠覆与概念重构》，《当代传播》2017年第5期，第90—96页。

李戈、郑旭军：《智能媒体特征分析与设计思维重构》，《中国出版》2018年第2期。

吕尚彬，黄荣：《智能时代的媒体泛化：概念、特点及态势》，《西安交通大学学报》社会科学版2019年9月。

米华：《物联网时代西方传感器新闻生产的理念和实践》，《中国编辑》2019年第12期，第97—103页。

马特·卡尔森（Matt Carlson）：《自动化判断？算法判断、新闻知识与新闻专业主义》，张建中编译，《新闻记者》2018年第3期，第83—96页。

彭兰：《智媒化：未来媒体浪潮——新媒体发展趋势报告(2016)》，《国际新闻界》2016年第11期，第6—24页。

彭兰：《智媒趋势下内容生产中的人机关系》，《上海交通大学学报（哲学社会科学版）》2020年第2期。

彭兰：《更好的新闻业，还是更坏的新闻业？——人工智能时代传媒业的新挑战》，《中国出版》2017年12月下，第3—8页。

彭兰：《连接与反连接：互联网法则的摇摆》，《国际新闻界》2019年第2期，第20—37页。

彭兰：《智能时代的新内容革命》，《国际新闻界》2018 年第 6 期，第 88—109 页。

彭兰：《移动互联网时代的“现场”与“在场”》，《湖南师范大学社会科学学报》2017 年第 3 期，第 142—149 页。

任锦鸾、曹文、刘丽华、黄锐、祝金甫：《基于技术与市场视角的智能媒体发展态势分析》，《现代传播》，2017 年第 10 期，第 133—137 页。

苏涛、彭兰：《反思与展望：赛博格时代的传播图景——2018 年新媒体研究综述》，《国际新闻界》2019 年第 1 期，第 41—57 页。

沈浩、元方：《“大数据时代”的自动化新闻写作的历史、实践与未来》，《新闻爱好者》2017 年第 4 期，第 19—25 页。

史安斌、崔婧哲：《传感器新闻：新闻生产的“新常态”》，《青年记者》2015 年 7 月上，第 82—83 页。

孙玮：《微信：中国人的“在世存有”》，《学术月刊》2015 年第 12 期，第 5—18 页。

孙玮：《融媒体生产：感官重组与知觉再造》，《新闻记者》2019 年第 3 期，第 27—31 页。

孙玮：《交流者的身体：传播与在场——意识主体、身体-主体、智能主体的演变》，《国际新闻界》2018 年第 12 期，第 83—103 页。

宋建武、黄淼、陈璐颖：《平台化：主流媒体深度融合的基石》，《新闻与写作》2017 年第 10 期，第 5—14 页。

谭铁牛、曾静平：《智能传播的现实应用、理论溯源与未来构想》，《浙江传媒学院学报》2018年第2期，第2—8页。

腾讯研究院：《人工智能各国战略解读：英国人工智能的未来监管措施与目标概述》，《电信网技术》2017年2月第2期，第32—39页。

许志强：《智能媒体创新发展模式研究》，《中国出版》2016年第12期，第17—21页。

谢珺：《社交媒体时代用户与大众媒体时代受众之比较研究——基于近20年国内传播学媒介受众研究变迁的知识图谱分析》，《新闻战线》2019年2月（下），第34—38页。

闫帅南：《新华社智能化编辑部建设初探》，《中国记者》2019年第7期，第75—76页。

喻国明：《人工智能驱动下的智能传媒运作范式的考察——兼介美联社的智媒实践》，《江淮论坛》2017年第3期，第134—138页。

喻国明、景琦：《传播游戏理论：智能化媒体时代的主导性实践范式》，《社会科学战线》2018年第1期。

喻国明、马慧：《互联网时代的新权力范式："关系赋权"——"连接一切"场景下的社会关系的重组与权力格局的变迁》，《国际新闻界》2016年第10期，第6—22页。

喻国明、曾佩佩、张雅丽、周杨：《趣缘：互联网连接的新兴范式——试论算法逻辑下的隐性连接与隐性社群》，《新闻爱好者》2020年第1期，第9—13页。

喻国明、张超、李珊、包路冶、张诗诺:《“个人被激活”的时代:互联网逻辑下传播生态的重构——关于“互联网是一种高维媒介”观点的延伸探讨》,《现代传播》2015年第5期,第1—4页。

喻国明:《边缘创新与价值准则:互联网“下半场”的发展关键》,《新闻界》2017年第10期,第34—38页。

王茜:《打开算法分发的“黑箱”》,《新闻记者》2017年第7期,第7—14页。

王沛楠:《人工智能与全球新闻编辑室的转型》,《中国编辑》2018年第7期,第9—13页。

万小广:《转型中的新闻人、新闻机构与新闻生态——〈后工业时代的新闻业〉报告摘要》,《青年记者》2013年第3期,第72—73页。

王辰瑶、范英杰:《打破新闻:从颠覆式创新理论看Buzz Feed的颠覆性》,《现代传播》2016年第12期,第35—39页。

王辰瑶:《新闻使用者:一个亟待重新理解的群体》,《南京社会科学》2016年第1期,第114—121页。

王亮:《人工智能技术环境下新闻出版业运作模式创新》,《出版参考》2017年第9期,第9—12页。

王敏:《数字化驱动下新闻生产惯习的改造、嵌入与重构——基于澳大利亚互联网报纸“Brisbane Times”的考察》,《新闻记者》2016年第12期,第19—25页。

卫蔚:《新媒体时代国际新闻“解困”之道——地方报纸“众包”报道模式探析》,《新闻记者》2010年第5期,第81—84页。

吴小坤：《计算智能在媒体内容挖掘领域的前沿应用与新趋势》，《南京社会科学》2018 年第 7 期，第 106—112 页。

吴飞：《新闻传播研究的未来面向：人的主体性与技术的自主性》，《社会科学战线》2017 年第 1 期，第 148—158 页。

吴炜华、张守信：《面向智能传播的数字出版人才培养定性比较研究》，《现代出版》2020 年第 2 期，第 23—31 页。

杨光宗、刘钰婧：《从“受众”到“用户”：历史、现实与未来》，《现代传播》2017 年第 7 期，第 31—35 页。

姚建华：《传播政治经济学视域下的媒介产业数字劳工研究》，《南京社会科学》2018 年第 12 期，第 116—122 页。

杨保军：《“脱媒主体”：结构新闻传播图景的新主体》，《国际新闻界》2015 年第 7 期，第 72—84 页。

张超：《作为中介的算法：新闻生产中的算法偏见与应对》，《中国出版》2018 年第 1 期，第 29—33 页。

张洪忠、石韦颖、韩晓乔：《从传播方式到形态：人工智能对传播渠道内涵的改变》，《中国记者》2018 年第 3 期，第 29—32 页。

张洪忠、兰朵、武沛颍：《2019 年智能传播的八个研究领域分析》，《全球传媒学刊》2020 年第 1 期，第 35—49 页。

张志安：《数字新闻业研究：生态、路径、范式》，《新闻与传播研究》2018 年增刊，第 90—92 页。

张玲玲、温喜娟：《场景应用下空间信息流的汇聚与传播》，《新闻与写作》2016 年第 12 期，第 43—46 页。

曾伟荣：《融媒时代城市网媒重大时政报道创新探析——以广东佛山新闻网 2019 全国两会报道为例》，《今传媒》2019 年第 6 期，第 120—122 页。

郑满宁：《公共事件在微信社群的传播场域与话语空间研究》，《国际新闻界》2018 年第 4 期，第 77—96 页。

英文文献

Anderson, C. W. (2011). Deliberative, Agonistic, and Algorithmic Audiences: Journalism's Vision of its Public in an Age of Audience Transparency. International Journal of Communication, 5, 19. http://doi.org/1932-8036/20110529

Anderson, C. W. (2012). Towards a sociology of computational and algorithmic journalism. New Media & Society, 15(7), 1005–1021. http://doi.org/10.1177/1461444812465137

Anderson, C. W. (2015). Between the Unique and the Pattern: Historical Tensions in our Understanding of Quantitative Journalism. Digital Journalism, 3(3), 349–363. http://doi.org/10.1080/21670811.2014.976407

Boczkowski, P. J., & Mitchelstein, E. (2010). Is There a Gap between the News Choices of Journalists and Consumers? A Relational and Dynamic Approach. The International Journal of Press/Politics, 15(4), 420–440. http://doi.org/10.1177/1940161210374646

Carlson, M. (2015). The Robotic Reporter: Automated journalism and the redefinition of labor , compositional forms , and journalistic authority. Digital Journalism, 3(3), 416–431. http://doi.org/10.1080/21670811.2014.976412

Coddington, M. (2015). Clarifying Journalism's Quantitative Turn. Digital Journalism, 3(3), 331–348. http://doi.org/10.1080/21670811.2014.976400

Cohen, S., Hamilton, J. T., & Turner, F. (2011). Computational Journalism. COMMUNICATIONS OF THE ACM, 54(10), 66–71. http://doi.org/10.1145/2001269.2001288

de Maeyer, J., Libert, M., Domingo, D., Heinderyckx, F. ,ois, & Cam, F. Le. (2015). Waiting for Data Journalism: A Qualitative Assessment of the Anecdotal Take-up of Data Journalism in French-speaking Belgium. Digital Journalism, 3(3).

Deuze, M. (1999). Journalism and the Web: An Analysis of Skills and Standards in an Online Environment. International Communication Gazette, 61(5), 373–390. http://doi.org/0803973233

Deuze, M. (2004). What is Multimedia Journalism? Journalism Studies, 5(2), 139–152. http://doi.org/10.1080/1461670042000211131

Deuze, M. (2005). What is journalism?: Professional identity and ideology of journalists reconsidered. Journalism, 6(4), 442–464. http://doi.org/10.1177/1464884905056815

Deuze, M., & Yeshua, D. (2001). Online Journalists Face

New Ethical Dilemmas : Lessons From The Netherlands. Journal of Mass Media Ethics, 16(4), 273–292. http://doi.org/10.1207/S15327728JMME1604

Diakopoulos, N. (2015). Algorithmic Accountability. Digital Journalism, 3(3), 398–415. http://doi.org/10.1080/21670811.2014.976411

Domingo, D., Masip, P., & Meijer., I. C. (2014). Tracing Digital News Networks. Digital Journalism, 3(1), 53–67. http://doi.org/10.1080/21670811.2014.927996

Domingo, D., Quandt, T., Heinonen, A., Paulussen, S., Singer, J. B., & Vujnovic, M. (2008). Participatory Journalism Practices in the Media and Beyond. Journalism Practice, 23(March), 326–342. http://doi.org/10.1080/17512780802281065

Fink, K., & Anderson, C. W. (2015). Data Journalism in the United States. Journalism Studies, 16(4), 467–481. http://doi.org/10.1080/1461670X.2014.939852

Franklin, B. (2014). The Future of Journalism. Journalism Studies, 15(5), 481–499. http://doi.org/10.1080/14616701003722444

Gade, P. J., & Lowrey, W. (2011). Complexity, uncertainty and journalistic change. In Changing the news: the forces shaping journalism in uncertain times (pp. 3–21). Routledge.

Gili Vidan and Vili Lehdonvirta, "Mine the Gap: Bitcoin and the Maintenance of Trustlessness," New Media & Society 21, no. 1 (July

2019): 42–59, https://doi.org/10.1177/1461444818786220

Gynnild, A. (2014). Journalism innovation leads to innovation journalism : The impact of computational exploration on changing mindsets. Journalism, 15(6), 713–730. http://doi.org/10.1177/1464884913486393

Hayes, A. S., Singer, J. B., & Ceppos, J. (2007). Shifting Roles, Enduring Values: The Credible Journalist in a Digital Age. Journal of Mass Media Ethics, 22(May), 262–279. http://doi.org/10.1080/08900520701583545

Huckle, Steve, White, Martin,Fake News–a Technological Approach to Proving the Origins of Content, Using Blockchains,Big Data,31-Oct-2017.

Lewis, S. C. (2015). Journalism In An Era Of Big Data. Digital Journalism, 3(3), 321–330. http://doi.org/10.1080/21670811.2014.976399

Lewis, S. C., & Usher, N. (2014). Code, Collaboration, And The Future Of Journalism. Digital Journalism, 811(January 2015), 1–11. http://doi.org/10.1080/21670811.2014.895504

Lewis, S. C., & Westlund, O. (2015). Big Data and Journalism. Digital Journalism, 3(3), 447–466. http://doi.org/10.1080/21670811.2014.976418

Livingstone,S.:The participation paradigm in audience research. The Communication Review, (16):21-30, 2013

Mico, J. L., Masip, P., & Domingo, D. (2013). To wish impossible things*: Convergence as a process of diffusion of innovations in an actor-network. International Communication Gazette, 75(1), 118–137. http://doi.org/10.1177/1748048512461765

Mitchelstein, E., & Boczkowski, P. J. (2009). Between tradition and change. Journalism, 10(5), 562–586. http://doi.org/10.1177/1464884909106533

Napoli, P. M. (2014). Automated media: An institutional theory perspective on algorithmic media production and consumption. Communication Theory, 24(3), 340–360. http://doi.org/10.1111/comt.12039

Parasie, S. (2015). Data-Driven Revelation? Digital Journalism, 3(3), 364–380. http://doi.org/10.1080/21670811.2014.976408

Parasie, S., & Dagiral, E. (2012). Data-driven journalism and the public good: "Computer-assisted-reporters" and "programmer-journalists" in Chicago. New Media & Society, 15(6), 853–871. http://doi.org/10.1177/1461444812463345

Pavlik, J. V. (2000). The Impact of Technology on Journalism. Journalism Studies, 1(2), 229–237. http://doi.org/10.1080/14616700050028226

Reuben Binns, "Algorithmic Accountability and Public Reason" 31（1）Philosophy & Technology 543-556（2018）

Schudson, M. (2005). Four approaches to the sociology of news. In Mass Media and Society (4th ed., pp. 172–197). London: Hodder Arnold

Singer, J. B. (1997). Still Guarding the Gate? Convergence: The International Journal of Research into New Media Technologies, 3(1), 72–89. http://doi.org/10.1177/135485659700300106

Singer, J. B. (1998). Online Journalists: Foundations for Research into Their Changing Roles. Journal of Computer-Mediated Communication, 4(1). http://doi.org/10.1017/CBO9781107415324.004

Steensen, S., & Ahva, L. (2014). Theories of journalism in a digital age: An exploration and introduction. Digital Journalism, 2786(July 2015), 1–18. http://doi.org/10.1080/17512786.2014.928454

Tow center for Digital Journalism in Columbia University, Blockchain in journalism,A Tow/Knight Report,2019

van Dalen, A. (2012). the Algorithms Behind the Headlines. Journalism Practice, 6(5–6), 648–658. http://doi.org/10.1080/17512786.2012.667268

Weiss, A. S., & Domingo, D. (2010). Innovation processes in online newsrooms as actor-networks and communities of practice. New Media & Society, 12(7), 1156–1171. http://doi.org/10.1177/1461444809360400

Young, M. L., & Hermida, A. (2015). From Mr . and Mrs . Outlier To Central Tendencies : Computational journalism and crime reporting at the Los Angeles Times. Digital Journalism, 3(3), 381–397. http://doi.org/10.1080/21670811.2014.976409

